クリエイティブ・イノベーションの道具箱

今井健太郎

はじめに

IT技術が発達した現代は、数年で市場が様変わりするほど変化の激しい時代です。単純作業が次々とAIに取って代わられたことで、人が介在することの価値が今まで以上に問われるようになりました。また、各メーカーの技術レベルが一定の水準に達し、機能面での差別化が難しくなった成熟市場では、ますます1人ひとりの思考力・発想力・創造力といったクリエイティビティが求められているように感じます。

私の本業は戦略コンサルタントです。コンサルタントと聞くと、定量的なデータを使ってロジカルに考えて経営戦略を立てるかたい仕事をイメージされるかもしれません。ところが、実際はもっとクリエイティブな役割を担うことが多い職種です。企業の長期経営戦略を考えるにあたっては、過去の財務諸表ばかりを眺めていても、未来を切り拓くような斬新な企業戦略を導き出すことはできません。企業のなりたい姿や存在価値を見出すには、数字の推移のような表面的なことだけではなく「その企業独自のストーリーや原点は何か？」「顧客の本当のペイン（課題や痛み）はどこにあるのか？」「プロダクトやサービスを通して未来に投げかけたいものは何か？」など、あらゆる方向で思索を巡らせる必要があるのです。

しかし、これはコンサルタントだけに求められるスキルではありません。常識に捉われず、業界に新たな風を吹かせることは、企業で働く人たちにも求められているのです。先の見えない時代だからこそ、1人ひとりの「発想力」や「創造力」を存分に発揮することが期待されています。本書は、新たな価値を創造する場面で役立つ発想法を、多様な事例やワークショップと共にまとめた思考のツール集でありヒント集です。ビジネスや企画で行き詰ったときなどに、ぱらぱらとめくって気になったところから自由に読み進めてみてください。様々な人の考え方や独創的な発想法を学ぶことで、今まで思いつかなかったアイデアが浮かぶようになるはずです。

クリエイティブスキルを磨く20の思考法

紹介するのは、イノベーションの種となる20の思考法です。これらを一言でいうとすれば、「クリエイティブ」のスキルです。音楽や芸術分野で大きな実績を残したアーティストの発想法や一流の経営者の考え方で、ビジネス現場で応用できることはたくさんあります。世の中で当たり前とされていることに疑問をもち、そこへ一石を投じるアーティストや経営者は、既存の価値観を打ち壊すスペシャリストだからです。そして、このクリエイティブな発想スキルは"限られた人だけに求められるもの"と思われがちですが、時代は少しずつ変わってきています。

近年、国際分業やインターネットの普及によって取引コストが低下し、製造業の多くは海外にシェアを奪われていきました。今後「企業内に本質的に残り得るのは、非定型で創造的な一部の業務だけになる」ともいわれています。ここでいう"非定型で創造的な業務"とは、まさにクリエイティブな仕事のことです。その他の業務は、今後は社外にアウトソーシングしたり機械などで代替されたりする可能性があるのです。また、世界経済フォーラムが発表しているビジネスパーソンにとって必要なスキルを分析したレポート[1]でも、「クリエイティブ」のスキルが2020年にはトップ3にランクインするなど、ビジネスの現場でも高く評価されるようになりました。このように企業で働く人たちにとっても大いに関係があるテーマなのです。

クリエイティブなスキルと一言でいっても、何から考えるべきか分からない方も多いと思います。そこで、私が戦略コンサルで培った視点から、新たな価値を創造する際に役立つと思われる「20の思考法」を紹介しています。それぞれの思考法を道具に例えた理由は、アイコン化することでいざ使いたいと思ったときに、すぐに思い出せるようにするためです。中にはタイムマシーンのような架空の道具も登場しますが、どれも基本的でシンプルな考え方です。これらを自由に組み合わせることで、様々な方向へ思考を展開することができるようになります。

例えば、企業のブランドマークを考えるといったミッションがある場合、本書の2章「アルバム（過去の体験を振り返る）」にあるように、創業者の実体験からアイデアを膨らませて考えることができます。他にも、14章「はさみ（要らないものを引く）」にあるように、今の案から余分な要素を引いて何が残るべきかを検討したり、18章「歴史書（過去からヒントを得る）」で紹介する事例のように、図形や模様のルーツを掘り下げて、より意味のあるブランドマークを考案したりすることも可能です。思考の道具を使って別の見方や考え方を意識的にインストールすることで、普段では思いつかないアイデアやヒントを意図的に生み出しやすくするのです。

イノベーションの6つの起点で眺める

20の思考に加え、より実践的で構造的な視点となるのがイノベーションの6つの起点「自分起点」「仲間起点」「顧客起点」「サービス起点」「社会起点」「時間起点」です。実際のビジネスは、複数の起点が重なったミルフィーユ構造をしており、ひとつ、ふたつの起点だけをみればいいというものではありません。それぞれの起点を行き来して考えながら、思考を深める必要があります。例えば、「自分起点（創業者の思い）」から事業を始めたとしても、それがビジネスとして続くかどうかは、「顧客起点（ユーザーのニーズ）」で見直すことが必要不可欠になります。逆に、「社会起点（世の中の課題解決）」から新規ビジネスを構想したとしても、「自分起点」で考えたときにやりたくないことだったら、世の中にインパクトを残すほど大きなイノベーションは起こせないでしょう。つまりミルフィーユ構造のいくつもの層を行ったり来たりしながら考えることが大切なのです。

紹介する思考道具が「自分／仲間／顧客／サービス／社会／時間」のどの起点で役立つのかを、各章の始めのページ上部に表示しているので、ぜひ参考にしてみてください。この表示はあくまで参考であり、思考道具はすべての起点で応用可能なものです。

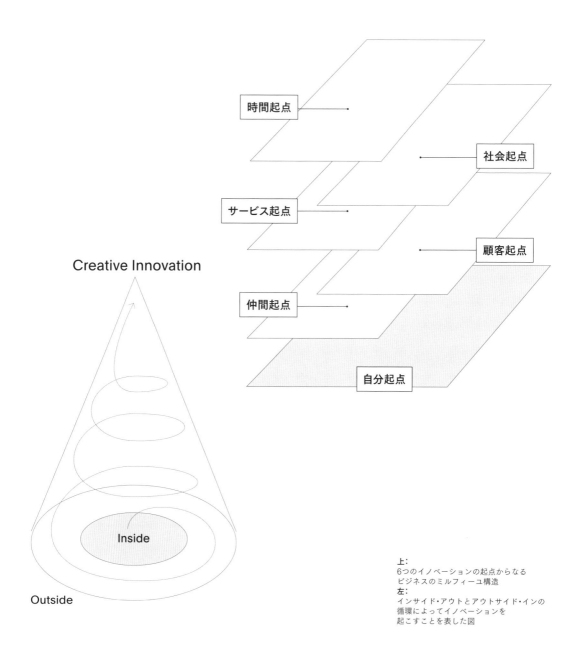

Creative Innovation

Inside

Outside

時間起点

社会起点

サービス起点

顧客起点

仲間起点

自分起点

上:
6つのイノベーションの起点からなる
ビジネスのミルフィーユ構造
左:
インサイド・アウトとアウトサイド・インの
循環によってイノベーションを
起こすことを表した図

インサイドとアウトサイドを循環する

イノベーションを起こすのに必要とされるのが、「インサイド・アウト」と「アウトサイド・イン」の循環です。自分の内側から生まれる強い動機や意思を表現する「インサイド・アウト」と、社会のニーズや先端テクノロジー、未来で求められる姿などを取り入れる「アウトサイド・イン」を擦り合わせていくことで、より客観的な企画やアイデアへと昇華させることができます。

心理学者のドナルド・キャンベルは、「創造的な思考とは、盲目的変異と選択的保持による」とする理論を発表しました。簡単にいえば、イノベーター（創造者）は失敗に終わるかもしれないアイデアを、半ば盲目的に試行錯誤を繰り返すことでしか、大発見に辿り着くことができないという理論です。キャンベルは、創造や発見とはひとつのゴールに向かって一直線に進めるものではなく、蛇行したり後戻りしたりしながら進んでいくものだと説いています。企業活動においてもホールインワンを狙うことは難しいからこそ、創造や発見を求めて、いわば蛇行の旅を楽しむことが大切なのかもしれません。

ビジネスや企画に行き詰まりを感じたとき、既存のサービス・プロダクトを見直したいとき、イチから価値創造を考えるとき、思考のツール集として着想のヒントにしてもらえたらと思い、本書を執筆しました。予測不能なこれからの時代を生き抜くためにご活用いただけると幸いです。

2020年9月　今井健太郎

目　次

 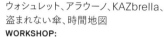

01

斧

固定観念を断ち切る

固定観念から抜け出すことの難しさを示す「仔象の鎖」という話があります。象は、仔象のときに引きちぎれなかった鎖は、大きくなってもちぎれないと思い込んで最初から諦めてしまうそうです。これは人にもよく当てはまることで、既成概念・固定観念・常識に支配されると、その考えに沿った行動しかとれなくなってしまいます。習慣化されると悩まず行動へと移せるようになるため、生きる上では便利ですが、新しい事業やアイデアを創造する過程では大きな障壁になるのです。前衛美術のアーティストのように、常識を疑ってみることからイノベーションは生まれます。まずは、前提条件を疑うことから始めてみましょう。

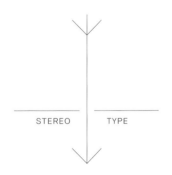

STEREO　TYPE

KEYWORD
既成概念、固定観念、常識
アーティスト
革新、再定義
前提条件

常識や既存の価値観を疑う勇気

喪服＝「黒」は絶対的なもの？

先日、道で葬儀に参列する人たちを目にしました。喪服＝「黒」というのは現代の常識とされていますが、喪服が黒い理由をご存じでしょうか？　これには、太平洋戦争のときに頻繁に葬式があったことから汚れにくい黒が定着した、国葬が多く執り行われた明治時代にヨーロッパに倣って黒を基本とする風潮が皇族や上流階級を中心に高まった、など諸説あるそうです。しかし、黒が定着する前の平安時代から明治30年頃まで、喪服は「白」が一般的とされていました。このように、私たちが普段当たり前と思っている「常識」「固定観念」「既成概念」は決して絶対的なものではなく、時代と共に変化していくのです。

一般常識とされていることに対して、特に疑問をもたずに生きている人がほとんどだと思います。普段、自宅までの道程を何も考えずに歩けるのは、繰り返される行動を脳が自動処理してくれるようになるからです。それによって脳への負荷が減り、別のことに頭を使う余裕が生まれます。しかし、習慣化による思考停止は時として障壁となることもあります。例えば、ビジネスの現場で「今までにない価値を生み出したい」「新しい事業を展開したい」と考える場面では、意識的に "既存の価値観から逸脱すること" が求められます。なぜなら、現在の延長線上や常識の枠内で考えて改善したとしても、既に誰かが実行している可能性が高いからです。「困難の中に、機会がある」そう語ったのは、理論物理学者のアルベルト・アインシュタインでした。常識に従って生きた方が楽であるからこそ、新たな機会を探索するにあたっては、誰も疑わないことを疑ってみる勇気と姿勢が必要なのです。

常識を覆した先に生まれるもの

前衛芸術のアーティストは、「既成概念」「固定観念」「常識」を打ち壊すスペシャリストです。現代アートの巨匠とも呼ばれるマルセル・デュシャンは、男子用小便器に偽名を使って「R. Mutt（リチャード・マット）」と署名しただけの『泉』という作品を発表しました。この型破りな作品に対する当時の評価は酷く、誰でも参加できる公募

展だったにも関わらず出展が拒否されてしまったほどです。しかし、デュシャンの『泉』によって「芸術作品とはこうあるべき」という既存の価値観が覆りました。美しいものだけがアートになるのではなく、どこかの審査員や専門家がアートの価値を決めるのではない、作品を起点に「アートとは何か?」を問い直すことによって、鑑賞者の中で作品の価値が決まるとデュシャンは考えたのです。まさに現代アートの先駆けとなった作品でした。

また、ジョン・ケージという米国の音楽家が作曲した『4分33秒』も多くの人々に衝撃を与えました。オーケストラの奏者たちが楽器を用意してはいるものの、吹かず、弾かず、叩かずに、4分33秒後に演奏が終了する、別名「無音の音楽」と呼ばれる楽曲です。私たちは、「観客に感動やメッセージを伝えるためには、どのような音色を奏でるべきか?」と考えることが音楽の神髄であると思い込んでいますが、その一方で「音を奏でない、無音こそ、最高の音楽」と考えることもできるのです。固定観念に縛られない豊かな発想は、アーティストから学ぶところが多いのかもしれません。

ビジネスの文脈でイノベーションが求められる中で、世界的に大ヒットした製品の多くは、今までの常識を見事に打ち砕いたイノベーティブなものでした。例えば、ワイヤレスのコントローラを使って、からだを動かしながら家族全員で楽しめるゲームとして任天堂から発売されたWii(ウィー)は、「テレビゲームは動かず座って楽しむもの」という常識を覆しました。また、iPodやウォークマンに代表されるデジタルオーディオは、「音楽は家で楽しむもの」から「音楽は持ち歩いて外で楽しむもの」へと音楽の楽しみ方そのものを大きく変えたのです。私たちの周りには「常識」とされる事柄が溢れています。しかし、見方を変えれば常識の中にこそイノベーションを起こせるような革新的なアイデアのヒントが隠されているのです。

<u>EP.1</u>　　　ウォシュレット、アラウーノ
常識を覆して革新を続けるトイレ業界

業界に革命を起こした、ウォシュレット

日本のトイレといえば、国際的にも高い競争力をもつ業界のひとつです。国内のトイレ市場の上位を占める TOTO は、北九州市小倉に創立100周年を記念して、TOTO ミュージアムをオープンしました。水滴と緑豊かな大地をイメージしてデザインされた真っ白なミュージアムには、トイレを中心とした企業の歴史や日本の水まわり文化に纏わる資料などが展示され、その変遷を学ぶことができます。長年に渡り業界を牽引してきた TOTO は、トイレにおける既成概念を温水洗浄便座の「ウォシュレット」の開発により、一度崩しています。日本のトイレにはなかった"おしりを洗う"という新たな生活文化を提案し、世の中に大きなインパクトを与えたのです。ちなみに、1980年にデビューしたウォシュレットは、TOTO の登録商標です。ウォシュレットが世に出るまでは、「いかに水の跳ね返りを最小限に抑えられるか？」「いかに触れる部分を小さくできるか？」といった利用者との接点をなるべく減らす方向で開発を進めることが業界の常識でした。そうした中で TOTO は、日本のトイレをより清潔で快適なものにするために海外で医療器具として使われていた温水洗浄便座を輸入し、「トイレから出てくる水でおしりを洗浄する」という真逆の発想で商品を開発して日本に定着させたのです。温水洗浄便座が海外ではあまり普及していないことを理由に海外出張を忌避する人がいるほど、今やなくてはならない存在となっています。

新素材に挑戦した、アラウーノ

トイレ業界の進化に貢献した商品として、Panasonic が発売するデザイナブルなトイレの「アラウーノ」シリーズも忘れてはならない存在です。国産水洗便器の始まりは、第一次世界大戦と同時期の1914年頃といわれています。現 TOTO の東洋陶器株式会社も1917年に設立されました。そして、1924年に現 LIXIL の伊奈製陶株式会社が発足[2]。旧社名を見て分かる通り、両社は元々陶器メーカーからスタートしたのです。つまり、トイレは「陶

左：
TOTOミュージアムの
外観
右：
アラウーノ L150
シリーズ「Akagane」、
Panasonic

器」でできているのが常識でした。そこに着
目したPanasonicは、その前提を疑って新
素材にチャレンジし、見事アラウーノシリー
ズの開発に成功しました。Panasonicのアラ
ウーノ開発者は、東洋経済誌のインタビュー
で当時の陶器でできたトイレのデメリットに
ついて次のように述べています。

「陶器のトイレには、実は2つのデメリット
があります。ひとつは、表面に水アカがこび
りつきやすく、落とすにはアルカリ洗剤や研
磨ブラシを使わなければならないなど、メン
テナンスにおいてユーザーに負担を強いる点。
もうひとつは、生産に職人による熟練の技術
を要するため、クオリティを維持するのが難
しい点です」[3]

Panasonic広報担当者によれば、これらの
デメリットを解消する新素材として採用した
のが有機ガラス系の「スゴピカ素材」でした。
スゴピカ素材は、ぬめりや黒ずみの原因とな
る水アカが付着しづらいだけでなく、ブラシ
で掃除する際に傷がつきにくいのが特徴です。
さらに陶器のトイレでは難しかったミリ単位
での製造が可能となり、掃除がしやすい形状
にすることができるといいます。利用者から
すれば、常に"綺麗なトイレ"であれば、そ

の素材が何であれ関係ないはずです。しかし、
業界の常識や伝統がそうした変革にブレーキ
をかけてしまうことは、よくあります。トイ
レの常識を覆したウォシュレットや、素材の
前提を疑ったアラウーノシリーズに代表され
るヒット商品の誕生によって、トイレ業界は
それまでの「常識」を覆し、継続的にアップ
デートしてきました。現状を引き継ぐだけで
ない、トイレ業界の革新的なものづくりに
よって、私たちの水回り文化も躍進を続けて
いるのです。

EP.2   **KAZbrella、盗まれない傘**
平安時代から続く「傘」の構造を疑う

傘が逆向きに開いたら?

雨の日の必須アイテムといえば、傘。日本にも古くから「和傘」と呼ばれるものがありました。和傘は、平安時代前後に仏教やお茶、漢字などと同じく中国より伝来したといわれています。平安時代において傘は高級品

で、雨や雪から身を守るものとしてだけではなく、日除けや魔除け、権威の象徴としても使用されていました。当時の傘は構造も現在のものとは違い、天蓋や覆い状のようなもので閉じることができなかったそうです。和傘が閉じることができるようになったのは、伝来から数百年後の安土桃山時代になってからのことです。傘が開閉できることは今では当たり前ですが、当時としては革新的なことでした。しかし、傘を開閉するときに手や服が濡れるなど、日頃からわずらわしさを感じている人も多いのではないでしょうか。

このマイナスを解消するべく現代の傘のイノベーションをはかったプロダクトがあります。それは、キプロス生まれのジェナン・カジムが開発したKAZbrella(カズブレラ)[4]です。構造工学エンジニアのキャリアをもつ彼は、傘のありかたの再定義を試みました。KAZbrellaは、花のつぼみが開くように、従来の傘とは逆向きに開きます。つまり、傘を閉じると濡れた面が内側に折りたたまれるため、開閉時に手が濡れることがありません。また、この構造によって水滴が床に落ちず、傘に触れるものを濡らすこともないので、狭い所や混雑した場所でもスマートに傘を開閉することができるのです。

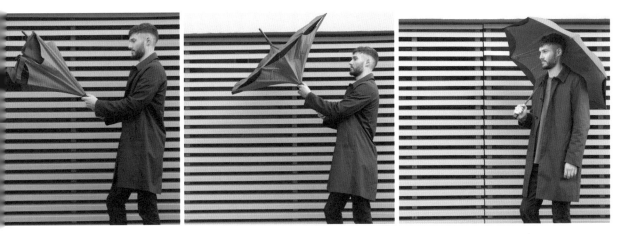

傘と柄を分離した「盗まれない傘」

今までの既成概念を疑い、傘をアップデート
させる試みは、KAZbrellaだけではありません。
例えば、傘と柄はセットで「傘」だという思
い込みがあります。そこに目をつけて、「傘
と柄を外してみたらどうなるか。"盗まれな
い傘"が生まれるのではないか？」と考えた
のが、2006年にNewsweek誌の「世界が尊
敬する日本人100人」にも選出された、デザ
インファームのnendoの代表を務める佐藤
オオキさんです。柄（取っ手部分）を取り外
しさえすれば、残された傘は持ちにくいし、
差しにくいし、持っていても恥ずかしい……。
つまり、盗む価値のない傘になるのです。し

かし、"柄"を持っている傘の主からすれば、
必要なときに問題なく使える、大切な自分の
傘になります。nendoの考案する「盗まれな
い傘」は、現在、市販されているプロダクト
ではありませんが、面白い発想だと思いませ
んか？　KAZbrellaやnendoの盗まれない傘
は、どちらも傘とは「こう閉じるものだ」「こ
ういう構造のものだ」という思い込みを疑っ
てみたことから生まれたアイデアです。一般
常識や仕組みに疑問をもつことによって、新
しいプロダクトやサービスの種は生まれます。
私たちも日常的に使う道具の常識を一度疑っ
てみてから考え始めると、今までにない面白
いアイデアが浮かぶかもしれません。

EP.3   時間地図

「時間的な距離」を表した型破りの地図

伊能忠敬がつくりあげた実測図

下総国佐原村（現千葉県）の商人だった伊能忠敬は、隠居後50歳で江戸に出て55歳から17年間、日本全国を歩きまわって日本地図の作成に貢献した偉人です。彼の功績は、死後3年経った1821年に、弟子たちによって伊能図と呼ばれる実測図が発表されたことで世に知れ渡りました。伊能忠敬の旅には、息子や弟子が同行したといわれています。彼らが地図測定に用いた手法は、一定の歩幅（70cm）になるように歩き方を訓練した複数の人間が、同じ場所を歩いて歩数の平均値を割り出すことで距離を測るというものでした。伊能図は鎖国中の日本において特に重宝されました。オランダ商館のドイツ人医師であるシーボルトが、国禁であった日本地図を国外に持ち出そうとしたことで、関わった役人や門人らが多数処刑された「シーボルト事件」が有名ですが、当時は日本地図がそれほど機密性が高いものだったのです。現在は、人工衛星の画像データや街中の映像データから世界の地図情報を3Dで把握できる「Google Earth（Google Maps）」が誕生し、スマートフォンなどを使って誰でも手軽に地図を活用できる時代になりました。伊能忠敬が生きていたら、さぞや衝撃を受けることでしょう。

現代人が求めるのは「時間」の地図？

地図は、"正確な距離を指し示すもの"として主に発展してきました。このような地図がもつ役割を根底から問い直し、現代人が利用しやすいように再構築したプロジェクトがあります。それは、地図を単なる「物理的な距離」を示すものではなく、「時間的な距離」を示すものとして捉え直した、都市デザインなどを手掛けるhclab.（エイチシーラボ）の「時間地図」です。この地図は、ある基点から同じ時間で到着できる地点を同心円で描くことで作製されます。時間地図の試みは、パイロット版としてグラフィックデザイナーの杉浦康平さんが、1980年代に日本列島の時間変形地図（「時間地図」のはしり）を作製したのが始まりとされています。同じ距離であっても、電車やバス、道路の整備状況などによってかかる時間が異なるように、日常生活では出発地点から到着地点までの「物理的な距離」よりも、実際にかかる「時間的な距離」を知りたいケースの方が多いでしょう。そこに着目し、その必要性に応えるべく制作されたのが時間地図なのです。

時間地図の試みは、都市や建築の問題やあるべき姿を考察するきっかけにもなります。例

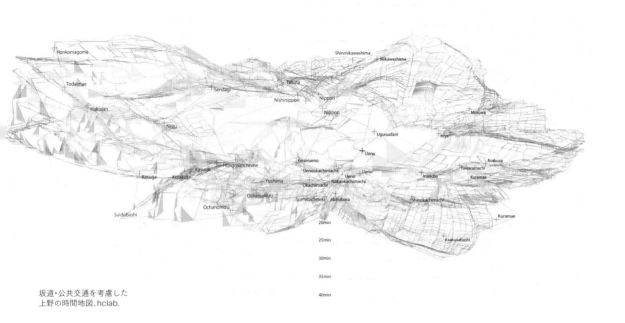

坂道・公共交通を考慮した
上野の時間地図、hclab.

えば、ハブとなる中継都市からの距離やライフラインを確保できるかどうかは、そこで暮らす人々の生活レベルに直結する問題です。それを、単に中継ポイントからの物理的な距離ではなく、交通機関や道路の整備状況などを加味した「時間的な距離」で考察することによって、"取り残された地域"が浮き彫りになります。地方では往々にして、物理的な距離が近くても、道路の整備がされていないために、実際の移動に多くの時間を要することがあるため、時間地図によって利便性の低さを可視化することで、次なる解決策や政策へと繋げることができるのです。また、引越しなどの運送業界にとっても「時間地図」は有用です。運送業界では、いかに早くものを運び届けるかが経営的にも顧客サービスとしても、最も重要な指標（KPI）のひとつですが、運送にかかる時間は、運び元と運び先との物理的な距離だけでは算出できないことが多々あります。建物に輸送車両をしっかり横づけできるかどうか（横持ち）や、建物が何階建てで、エレベーターは完備されているか（縦持ち）などの状況により、運送時間に大きな差が生まれるからです。そこで活躍するのが、建物に応じて時間的な距離を示した「時間地図」です。これがあれば、運送業界の経営効率も劇的に改善するでしょう。地図とはこういうものだといった常識から少し離れて観察・考察することで、私たちにとって有用な地図のありかたが見えてくるのです。

WORKSHOP

リバース・プレリクイジット
前提条件を疑うクセをつける

東京・銀座のけん騒から離れた閑静な場所にある森岡書店は、「一冊の本を売る本屋」として有名です。同店は、たくさんの本の中から気になる1冊を探すことができる場所、という本屋の既成概念を離れ、1冊の本だけにフォーカスして販売することで、コアなファンを獲得してきました。この販売戦略の場合、大量の在庫を抱えたり大きな所帯を構えたりする必要がないので、固定費を抑えられるというビジネス上のメリットもあります。

では、どうすれば森岡書店のように業界の既成概念ら解放された、新しいアイデアを生み出すことができるのでしょうか。その訓練のひとつに、「リバース・プレリクイジット」[5]と呼ばれるものがあります。これは、前提条件をあえて逆にした上で、その新しい前提条件が成立し、さらに説得力をもつようにするためにはどうしたらいいか？　を思考するワークショップです。

例えば、新しい学校を開校するとします。通常の「学校」の前提条件とは何でしょうか？　下記のように、前提条件を想定してみましょう。

- キャンパスが<u>ある</u>
- 先生が<u>いる</u>
- 定期テストが<u>ある</u>

では、その前提条件をひっくり返してみましょう。

- キャンパスが<u>ない</u>
- 先生が<u>いない</u>
- 定期テストが<u>ない</u>

このひっくり返した前提条件を成立させ、説得力をもたせるためにはどうしたらいいかを考えてみましょう。おそらく、今までとは違った学校像が見えてくると思います。

その好例といえるのが、ハーバード大学よりも難関といわれ、世界中から応募が殺到しているミネルヴァ大学です。この大学にはキャンパスがなく、学生は4年間の中で7都市を移動しながら学びます。講義はすべてオンラインで行われるため、先生が生徒に教えるという構図もありません。オンライン上でのディスカッションの様子や質問に対する返答内容から、先生が生徒の理解度を推察し、各授業後に点数づけがされる仕組みです。そのため、定期テストをする必要もないのです。

学校だけでなく、レストランや書店などの様々なケースでリバース・プレリクイジットを試してみてください。前提条件をひっくり返すだけのシンプルな方法で、常識に捉われない斬新なアイデアを生み出すトレーニングになります。

[前提条件をひっくり返して「新しい学校」を考える]

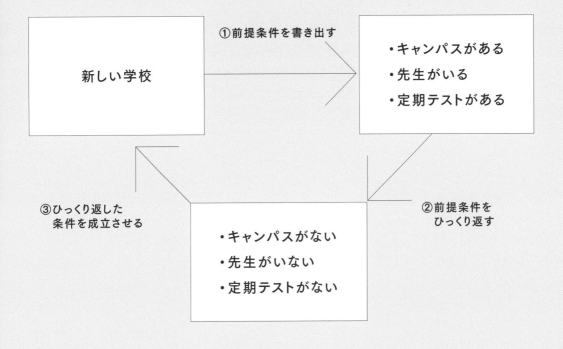

02

アルバム

過去の体験を振り返る

新しい事業を創造するときには、その目的や動機、情熱や信念、世界観などが求められます。別の言い方をすれば、「なぜ、その事業を始めるのか?」という強い自己動機が必要なのです。創業者であり、『HARD THINGS』の著者としても有名なベン・ホロウィッツは、「Your story is your strategy（あなた自身のストーリーがあなたの事業の戦略になる）」と主張しています。また、建築界の巨匠アントニ・ガウディも「独創性（オリジナリティ）とは、起源（オリジン）に戻ることにある」と述べています。あなたの原体験や過去の経験から生まれる強い動機こそが、事業を進める上で大きな原動力となるのです。

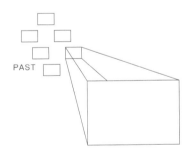

PAST

KEYWORD
原体験、実体験
WHY（なぜ?）
自己動機
思い、情熱

新規事業を成功に導く「思い」と「情熱(パッション)」

スタートアップに欠かせないもの

多様なビジネスの立ち上げを支援し多くの有名企業を輩出してきた、米国の Idealab（アイデアラボ）は「スタートアップ企業の成功で、最も重要な要因は何か？」を探るために、アイデア、チーム、ビジネスモデル、ファンディング、タイミングの5つの項目において、Idealab が支援した100社と、それ以外の100社を分析しました。その結果、最も重要な要因はタイミングなのではないか？　という仮説を、世界中の著名人による講演を開催・配信している TED Talks で「The single biggest reason why start-ups succeed」[6]と題して発表しました。

こうした新規事業を成功させる要因は、長きに渡って研究されてきたテーマのひとつです。他にも、「企業の競争優位や成長を支えるのは、内的要因・外的要因のどちらがより重要か？」、つまり「勝負する企業や人と、勝負する領域のどちらが重要か？」といった問いに対しては、1991年にリチャード・P・ルメルト教授が論文（「How Much Dose Industry Matter?」）を発表し、1999年にアニタ・マクガハン教授とマイケル・E・ポーター教授が、その研究を受ける形で論文（「The Performance of US Corporations 1981-1994」）を発表しました。それぞれの研究で、ビジネスを成功させる要因の重みづけは異なりますが、研究の結果は同じでした。どちらも「成功の要因は、外的要因ではなく"内的要因"に起因するところが大きい」と結論を出したのです。分かりやすく例えるならば、「ソフトバンクグループの孫正義社長が八百屋を開いたとしても成功する可能性が高い」ということです。

事業創発においてタイミングも重要ですが、ビジネスチャンスを掴めるかどうかでは、創業者や担当者の「情熱」が大きく関わってきます。なぜなら、スタートアップの9割は倒産するといわれている中で新規事業を立ち上げて軌道に乗せるには、ある種の精神的・感情的・肉体的な犠牲が求められるからです。幾多の困難を乗り越えるためにも、外的要因より内的要因である、創業者や担当者の「情熱」が必要不可欠なのです。

小さな机ひとつでも、大きな情熱をもつ

Amazon創業期の様子として、机がひとつあるだけの簡素な部屋の写真が紹介され、一時期話題となりました。世界有数の大富豪となったAmazonの創業者、ジェフ・ベゾスも、実は小さな机ひとつから事業を興していたのです。では、Amazonの成功を他の大企業はただ指をくわえて眺めていたのでしょうか？　実際はむしろ逆でした。Amazonの創業と同時期に、コンピューター界の巨人であったIBMもオンラインショッピングサービスを展開していました。オンラインショッピングを含む「e-ビジネス」という言葉自体、1997年にIBM会長のルイス・ガースナーが提唱して広まった言葉です[7]。しかし、ガースナーが「e-ビジネス」を提唱した同年に、IBMはオンラインショッピング事業で巨額の赤字を計上して撤退しました。技術も資金もあり、タイミング的にも同時期に始めていたIBMのオンラインショッピングは、なぜAmazonに敗れてしまったのでしょうか。

IBMがオンラインショッピングから撤退した年に、若かりし日のベゾスをインタビューした、「Jeff Bezos 1997 Interview」[8]という動画があります。その中で、Amazonが今ほど大きくなるとは予想もしていなかったインタビュアーが、「まだ（オンラインショッピングを）利用する人はいないのでは？」と投げかけた質問に対し、「誰も見向きもしてはくれないね。ただインターネットコマースが世界を変えると信じている」とベゾスが熱く語る場面が残されています。意外かもしれませんが、Amazonも創業から7年間は1円の利益も出せていませんでした。もし彼に、未来を信じる強い思いがなかったとしたら、きっと早々に諦めて撤退していたでしょう。技術も資金も潤沢にあるIBMに対して唯一Amazonが勝っていたものは、ベゾスの情熱だったのかもしれません。

新しいことを始める、今までにない価値やサービスを生み出すという行為には、大小様々なハードルがつきものです。それを乗り越え、外的な圧力に負けないためにも、自分自身の原体験や衝動、欲求にフォーカスしたビジネスを創発することが重要になるのです。

EP.1   **BALMUDA The Toaster**

「あのときのパン」を再現するトースター

「自由な心で夢見た未来を、技術の力で実現して人々の役に立つ」。これが、革新的な家電を世に送り出すことで注目を集めている、BALMUDA（バルミューダ）のミッションです。そんなBALMUDAのヒット商品でもある「BALMUDA The Toaster」は、創業者の寺尾玄さんが高校を中退して17歳でスペインへ放浪の旅に出たときの体験をもとにつくられたプロダクトです。その開発の原点となる物語は、HPにこのように記載されています。

「日本から飛行機や列車、バスを乗り継ぎ最後は徒歩で、目的地のロンダにたどり着きました。私は緊張からかあまり眠っておらず、疲れきっていて、かつ空腹でした。街角では香ばしい香りがしていて、探してみると一軒の地元のベーカリーが。話せないスペイン語で焼きたてのパンを分けてもらい、一口かじった時、涙が溢れるように出てきました。緊張や疲労、そして希望と不安。香ばしいパンを食べた時、これらの感情が堰を切ったように体の外に出て行ったのです。あの時の小さなパン。その香りと味は、今でも忘れられません」[9]

ロンダで体験した"食べる"という行為を自分の淡い記憶で終わらせるのではなく、誰かに「強い体験」として届けたい！　という寺尾さんの思いが発端となって、キッチン製品「BALMUDA The Toaster」の開発がスタートしたそうです。新規事業では、開発の途中で「結局何がつくりたかったのか？」と目指すべきゴールを見失ってしまうことがよくあります。しかし、「BALMUDA The Toaster」の場合、寺尾さん自身の体験や思いがもとになっているため、その軸がぶれることがありませんでした。

人の原動力には4つの段階があるといわれています。「ファッション」「テンション」「モチベーション」「ミッション」です。ファッションは見た目や流行が、テンションはそのときの気分や調子が原動力となります。ただ、この2つは、動機づけとしては弱い力です。さらに、その上の段階に「モチベーション」があります。モチベーションは自身の体験に基づくもので、ある程度継続する内発的な動機となります。そして、原体験からくる内発的な動機が特に強くなった場合を「ミッション」と呼び、その段階に達すると絶対に達成したいと心から思うようになります。寺尾さんの原体験からくる強い思い（ミッション）が、細部までこだわり抜かれた革新的なトースターを生み出したのです。

技術部長の体験から生まれた「飲む点滴液」

大塚製薬のヒット商品であるポカリスエットにも、少し変わった開発秘話があります。大塚製薬の技術部長が研究員だった頃に、熱帯果実の視察でメキシコを訪れたところ、水事情の悪さからお腹を壊して入院してしまったといいます。帰国後、彼は自らの体験を仲間にこう語りました。

「医者は激しい下痢で弱っているボクに、炭酸飲料を手渡しながら『体内の水分と栄養が失われているから、とにかく水分を飲んで、後で栄養も摂るように』と言ったんだ。その時、ひらめいたんだ！『こんな時、ゴクゴク飲みながら栄養も一緒に補給できる飲み物があればいいのに』ってね」[10]

この体験談から「飲む点滴液」というアイデアが生まれたそうです。ただ良いアイデアというのは、時代の流れと共に変わるのが常です。ポカリスエットも着想から3年後、ジョギングブームが訪れたときに開発がスタートしました。ジョギングで汗をたくさんかくことが、技術部長がかつて直面した「体内の水分と栄養が失われる」ことに類似していたため、「汗の飲料」にコンセプトを変えて開発が進められたのです。そして、さらに2年の歳月をかけて数多くの試作品をつくり、試行錯誤を繰り返していたときに偶然、別プロジェクトで進められていた「柑橘系粉末ジュース」を混ぜてみたところ、商品化へのブレイクスルーとなったのだそうです。

「飲む点滴液」から「汗の飲料」へと変貌を遂げたポカリスエットは、その斬新なコンセプトを広く受け入れてもらうために、多くの工夫が施されました。ネーミングに採用された「ポカリ」の語は、開発コンセプトである「スエット（汗の飲料）」と組み合わせたときの語呂の良さで選ばれたそうです。偶然ではありますが、「ポカリ」にはネパール語で"湖"という意味があります。ネパールの水といえば、聖なる山としても崇められているヒマラヤ山の水が連想されます。また、英語圏の国では、"汗"という意味の「スエット」が飲み物として受けつけにくい言葉であることから、鮮やかなブルーと白い波形のパッケージデザインを採用し、運動やスポーツなどを連想する爽やかなイメージを訴求していきました。誕生から30年以上を経て、今では世界20か国以上の地域で愛されているポカリスエットも、たったひとりの「体験」から生まれた斬新なアイデアを大切に温めて、市場に出す最も適切なタイミングで商品化されたものだったのです。

EP.3

OTON GLASS、JINS MEME BRIDGE
実体験から探るメガネ型デバイスの可能性

父親を助けるためのメガネ型デバイス

文字を読むことが困難な人に向けて開発された OTON GLASS（オトングラス）は、読みたい文字の方を向いて、メガネについているカメラのボタンを押すと、撮影された文字を音声で読み上げてくれる画期的なメガネ型デバイスです。開発のきっかけは、開発者である島影圭佑さんの父親が脳梗塞で倒れてしまい、後遺症として言語野が傷つき読む機能が失われる純粋失読を患ってしまったことでした。「父が文字を読めるようになるにはどうしたらよいのか？」と考えた島影さんは、父親の生活に密着し、困っていることを解決するためにと試行錯誤して OTON GLASS をつくったそうです。メガネ型デバイスを採用するヒントとなったのは、病院で見た父親と医師とのやり取りだったと島影さんは後のインタビュー[11]で語っています。それは、失読症によって病院のアンケートに何が書いてあるのかを読み取るのが困難になった父親が、アンケートを指差し、それを医師が読み上げ、父親が回答するという一連のやり取りでした。その様子を見た島影さんは、カメラで読み取った文字を音声に変換し、耳元で囁いてくれるデバイスがあれば、介助者なしに文字情報を把握できるのではないか？　と思いつ

いたそうです。こうした実体験に基づく開発への「動機」や「思い」は、開発者自身の情熱や原動力になるだけでなく、他者からの共感を呼びます。OTON GLASS の試みも、クラウドファンディングによって 400 万円以上の資金を集めることに成功しました。さらに、2019 年 3 月には、メガネ大手 JINS（ジンズ）の事業協力が開始されたことも発表されています。今後、高齢化や海外からの移住者が増え、多様性が増していく社会において、「文字」へのアクセシビリティーの向上は大きな社会課題のひとつになってくるでしょう。多くの人が待ち望む課題への挑戦も、最初はこうしたひとりの体験から始まっているのです。

目で DJ・VJ したい！　の思いに挑戦する

また、OTON GLASS に投資している JINS は、「JINS MEME（ジンズ・ミーム）」[12] というプロダクトを展開しています。JINS MEME は、「世界初、自分を見るアイウェア」をコンセプトに開発されたメガネ型ウェアラブル端末です。メガネに眼電位センサーと六軸センサーを搭載することで、目の動きやまばたき、体軸の姿勢角を検知し、専用のアプリケーションを通して「集中力」「眠気」「姿勢の変化」「消費カロリー」などを可視化することができます。また、寝たきりの状態や手

OTON GLASS
装着の様子

を動かすことが困難な人であっても、目の動きだけでデバイスをコントロールし、まばたきをマウスのクリックに代替させるなどの可能性が模索されています。

話は変わりますが、ALS（筋萎縮性側索硬化症）という難病をご存知でしょうか。ALSとは、手足を動かしたり声を出して話したりする自由が徐々に奪われていく難病です。「アイス・バケツ・チャレンジ」（→p80）というチャリティー運動で、病気の存在を知った人も多いと思います。自身もこの難病と闘っているクリエイターの武藤将胤さんは、一般社団法人WITH ALSの代表を務めながらも、「自分の体験から解決アイデアを形にしていこう」「むしろALSの困難からイノベーションを生み出そう」と様々なプロジェクトを立ち上げています。そのひとつに、ALS患者が発症後も正常に機能を保つことができるとされる眼

球の動きに着目し、JINSと協働して開発した「JINS MEME BRIDGE（ジンズ・ミーム・ブリッジ）」[13]があります。これは、JINS MEMEとスマホやIoT（Internet of Things: あらゆるものがインターネットに接続される仕組み）デバイスを繋ぐアプリケーションで、その中の機能に「目でDJ・VJをプレイする」という武藤さんの願いを叶えた「EYE VDJ」も入っています。武藤さんは、このアプリを使って目の動きだけでDJ・VJのパフォーマンスを披露し、世界から大きな反響を呼びました。

OTON GLASSの島影さんやWITH ALSの武藤さんに共通するのは、自身や身近な人の「実体験」による課題やニーズに着目して、プロダクトを開発している点です。何かの課題に直面している人が生み出すプロダクトは、同じ課題を抱える大勢の人を助けると同時に、大きな希望の光となるのです。

WORKSHOP

アルバム・エモーション
人生の感情曲線を描いてみよう

世界で初めて公開された映画は、リュミエール兄弟が1895年にフランスで製作した『ラ・シオタ駅への列車の到着』といわれています。これは、駅のプラットフォームに蒸気機関車がやってくる情景をワンショットで撮影した、白黒サイレントの短編ドキュメンタリーフィルムです。映画が全く世の中になかった時代に、このフィルムが上映されると、観客たちは自分たちに近づいてくる実物大の列車の動きに圧倒され、叫び声を上げながら部屋の後方へ走り出したともいわれています。このフィルムを皮切りに、様々な名作が誕生しました。バーモント大学コンピューテーショナル・ストーリー研究所のアンドリュー・レーガン研究チームは、「物語の展開は"6種類"に分類される」[14]という興味深い研究を発表しています。これは、自然言語処理やビッグデータ解析によって分かったことだといいます。研究では、物語の中の感情表現の量と質を数値化し、横軸に「時間経過」、縦軸に「幸福度」として感情曲線を描いた結果、それぞれの物語の「感情ライン」の変遷は、前半に山がある後半に谷があるなど、大きく6つの展開パターンに集約されたそうです。

「事実は小説よりも奇なり」という言葉がありますが、私たちの人生もひとつのストーリーとして見ることができます。アンドリュー・レーガン研究チームが示したような「感情ライン」を、自身のこれまでの人生や過去の出来事を参考に描いてみる「アルバム・エモーション（感情曲線）」という手法を紹介します。ビジネス創発において原体験や自己動機を大切にしたいと思っていても、「自分には印象に残る経験がない」「そこまで強い動機や目的が見出せない」という方も多いと思います。まずは自身の過去を幼少期から振り返ってみることで、思いがけない感情の変化や契機となった出来事を発見できるかもしれません。

描き方は、右図のように横軸に「時間経過」、縦軸に「幸福度」の線を引き、横軸の方には年齢を表す目盛りをつけます。そして、過去の印象的だった出来事や大きく感情が変わった節目などを思い出しながら、「感情曲線」を描いていきます。ポイントは、記憶が鮮明な現在のことだけではなく、記憶が曖昧であっても子どもの頃から時間をかけて思い出していくことです。曲線が描けたら、山や谷の一番尖っている（くぼんでいる）部分に着目し、感情の山や谷が生まれたと考えられる出来事をキーワードにして書き出します。それは、印象に残る経験や出来事は人生の山と谷に該当することが多いからです。自身の感情の起伏を可視化してその要因を言語化することで、あなたが人生の中で大切にしている「価値観」や「方向性」に気づくことができるのです。

［アルバム・エモーションの描き方］

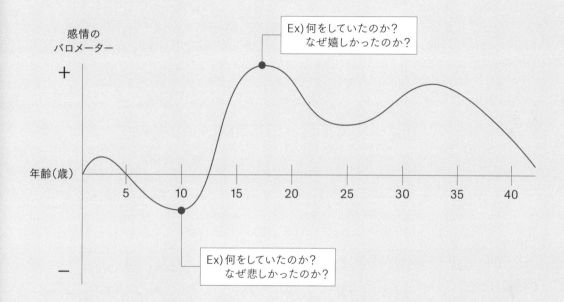

WORKSHOP
原体験ワークショップ
無意識の価値観や考え方を掘り起こす

アルバム・エモーションのワークを複数人で行うときにおすすめなのが、「原体験ワークショップ」[15]です。これは、東京ブランディング大学校が広めている方法論で、「現在やっていること」「時間を忘れてできること」「将来やりたいこと」などのテーマを設定して、聞き手が話し手に対して、「なぜ、そう思うのか?」「何がきっかけだったのか?」「どうしてそれを選んだのか?」などの質問を投げかけることで、話し手自身が無意識に大切にしている価値観や考え方を探っていくものです。

まず、「聞き手」と「話し手」を決めます。複数人で行う場合は、話し手はひとりにしましょう。上記のように話すテーマを設定したら、話し手には自由に語ってもらいます。聞き手は話に耳を傾けながら、疑問に思ったことを質問していきます。注意するポイントは、尋問のようにならないようにすることです。あくまでも主体は話し手なので、話し手が気持ちよく語れるように心がけます。話し手側は、自分をかっこよく見せようと見栄を張ったりする必要はありません。

聞き手には、話し手から出てきたキーワードやイベント(過去の体験や出来事)などの関係性を紙に書き出してもらいます。それによって、話し手が意識していなかった価値観や考え方、大切にしている体験や思想に気づくことができます。明確なキーワードや出来事が見つからなかったとしても落ち込む必要はありません。行動や挑戦のすべてが過去の体験や出来事を起因にして始まるものではないからです。反対に過去の体験が今挑戦していることに繋がっている人は、挑戦までの物語がきっと誰かの共感を呼ぶことでしょう。

[原体験ワークの進め方]
−CHANELの創業者、ココ・シャネルだったら−

聞き手　今はどのような仕事をしているのですか?

話し手　ファッションブランドのオーナーです。周りからすすめられて始めたのですが、私も、「これが自分に合った仕事なのかもしれない」と思うようになりました。

聞き手　何かきっかけがあったのですか?

話し手　友人のために帽子のデザインをしたのですが、周りからの評判も良かったんです。それで、帽子の専門店をオープンして、服飾デザイナーの道に進むことにしました。

聞き手　裁縫は得意だったのですか?

話し手　孤児院にいた頃に6年ほど習っていたことがあって、当時はまだ女性が就ける職には限りがあったので、仕立屋のバイトをしていたんです。その経験が今に活きています。それから、女性の選択肢がもっと増えることを願って「自立した女性像」のためのファッションブランドを立ち上げました。洋服や香水など、女性を美しく輝かせるたくさんのアイテムをプロデュースして…

03

聴診器

心の声に耳を傾ける

テレビ・新聞・雑誌・広告・インターネット……。
生活しているだけで日々膨大な量の情報に触れる
現代では、自分の「心の声」に耳を傾ける機会が
減っているように思います。心の音と書いて、「意」
思。誰かのためではなく、自分が心の底からやりた
いと思ったことに全力投球して生まれたものこそが、
多くの人を感動させるパワーをもちます。自らの思い
を曲にのせた最初の作曲家ともいわれるベートーベ
ンは、多くの人の胸を打つ音楽をつくりました。ビ
ジネスにおいても、その製品やサービスを本当に欲
しがっているのが起業家や開発者自身であることは、
開発の過程でとても心強いことなのです。

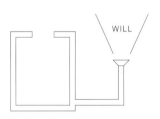

KEYWORD

心の声
創造へのエネルギー
日常生活
自己表現、自己実現

自らの「心の声」や「意思」に耳を傾ける

誰かのためでなく、自分のためにつくる

かつて貴族や宮廷に呼ばれて演奏し、上流階級の子どもたちにも音楽を教える人のことを音楽家と呼ぶ時代が長く続きました。フランス革命の時代に、そうした音楽家の立ち位置に異を唱えた人物がいます。かの有名なルートヴィヒ・ヴァン・ベートーベンです。彼は、王族貴族のための音楽ではなく、国民のためですらなく、人類のために曲を書くことを宣言します。そして、今まで召使いのように指図されて作曲していたスタイルから、自分の思いを前面に打ち出す形で作曲を始めたのです。後世に名が残る音楽家の中で、他人のためでなく自分の「心の声」に従って音楽をつくり出したのはベートーベンが初めてだといわれています。日本でも有名な「ダ・ダ・ダ・ダーン」の4つの音で始まる『交響曲第5番』は、弟子たちがこの曲の意図を尋ねたときに、「運命はこのように扉をたたく」とベートーベンが答えたことから、日本では「運命」の名でも親しまれています。後に、自分たちの思いを自由に音楽にのせる音楽家たちは、ロマン派と呼ばれるようになりますが、ベートーベンはその先駆けだったのです。

話は変わりますが、スタートアップを支援する企業のY Combinator（Yコンビネータ）の会長であるサム・アルトマンは、起業家に対して「誰がその製品を心の底から欲しがるのか？」という質問を必ずするのだといいます。そして、この質問に対する答えが「起業家自身」であることが良いとしています。このように、ビジネスにおいても起業家自身の強い思いや欲求が重要なのです。

自分の「内なる声」と対話する

戦後の日本における「ひとり当たりのGDP（国内総生産）」と「生活満足度」の推移[16]を見ると、ひとり当たりの経済レベルは右肩上がりにも関わらず、生活満足度の方は全く向上していないことが分かります。私にはこれが、経済発展の中で自分たちの心の声を置き去りにしてきたことへの警鐘のように感じられるのです。現在でも、「どうしてこの仕事を続けているのか分からない」「このビジネスを始めた理由が何だったか分からない」と話すビジネスパーソンを時折見かけます。仕事や事業を続ける情

熱をもち続け、より良い人生を送るためにも、自身の心の声に日頃から耳を傾けることはとても重要です。それによって、人生の幸福度が大きく左右されるからです。Apple創業者のスティーブ・ジョブズは、2005年のスタンフォード大学の卒業式で次のように語りました。

「私は毎朝、鏡に映る自分に問いかけるようにしているのです。もし今日が最後の日だとしても、今からやろうとしていたことをするだろうか。"No" という答えが何日も続くようなら、何かを変えなければならないということだ」[17]

自身の内なる声に耳を傾ける一番のコツは、自分に問いかける時間を意識的に確保してしまうことです。スティーブ・ジョブズが禅や瞑想に造詣が深かったことは有名ですが、最近では禅や瞑想だけでなく、それらの思想を引き継いだマインドフルネスが、Google、Intel、IBM、Facebook、米国防総省に至るまでの世界のトップ企業・団体で導入されるようになりました。そのことからも、いかに心の声が仕事のパフォーマンスに大きく影響すると考えられているかが分かります。

心の声に耳を傾けることは、ビジネスの機会探索においても有効です。何気ない日常の中で感じる「違和感」「憤り」「歓び」「悲しみ」などの感情の中に、ビジネスのヒントが隠されているからです。それは、リサーチなどのような "外" から仕入れた情報ではなく、自身の "内" なる欲求がこぼれ出るようなものです。他人からみれば、ささやかなビジネスアイデアや企画の種であっても、自身の感情が伴うことで実現への強い動機が生まれるのです。

dyson

不便さに徹底的にこだわったものづくり

自分が納得する掃除機を目指す

すっかり私たちの生活に定着したサイクロン式掃除機。発明したのはジェームズ・ダイソンです。開発のきっかけは何気ない日常の不満だったといいます。綺麗好きなダイソンは、掃除機を使い続けると紙パックが詰まり、吸引力が低下することに「憤り」を覚えていたそうです。その心の不満を解消するためにつくったプロトタイプは、なんと5,000台以上にも上りました。ダイソンは、サイクロン式掃除機が生まれるまでの苦労をインタビューで次のように語っています。

「15台目のプロトタイプが完成する頃には、私の3番目の子どもが生まれていました。家族を養わねばならない中で、失敗が失敗を重ねてプロトタイプの数はどんどんと増えていき、とうとう2,627台目のプロトタイプを作り終えた段階で、資金が尽きてしまうことが現実味を帯びてきましたね。妻は私の発明の日々を支えてくれて、3,727台目のプロトタイプが完成した頃には、美術教室を開いて稼ぎ手となってくれていました。あの時代が最も厳しく辛い日々でした」[18]

こうして幾多の苦難を乗り越えた先に生まれ

たのが、「吸引力の変わらないただ一つの掃除機 ダイソン」です。dyson（以下、会社名をdysonと表記）は、ブランディングの一環として、サイクロン式掃除機が生まれるまでの過程を展示ブースで公開しています。ダンボールを素材としたモックアップやカラーリングが施されていないものなど、試行錯誤を繰り返した開発過程の軌跡を窺い知ることができます。これだけのプロトタイプをつくる過程で、表に出ていないものも含めて、数多くの失敗や挫折があっただろうと想像できます。このような失敗ばかりの辛い日々の中で最後までやり遂げることができたのは、マーケットやユーザー調査などのような外からの需要ではなく、ダイソン個人の「憤り」が制作の原動力となっていたからでしょう。

「先延ばすこと」もときに美徳となる

ダイソンの個人的な体験や思いを重視しながら「ものづくり」に挑戦する姿勢は、単なる思想としてだけではなく、会社の仕組みとしても継承されています。例えば多くのメーカーでは、つくり手や担当者の思いとは別に決算などに紐づく形で商品発表のスケジュールや納期が明確に定められているのですが、dysonでは新商品を年に何作品出すかは特に定められていません。それによって消費者

Dyson V8™ Slim コードレスクリーナー、dyson

が抱える問題や、利用したときの違和感に徹底的にこだわってつくることができるのです。その結果として、「羽根のない扇風機」のようなオリジナリティ溢れる革新的な商品を継続的に開発することに成功しています。

「家電オブ・ザ・イヤー2019」を受賞した、「Dyson Supersonic Ionic ヘアードライヤー」[19] もそうして生まれたヒット商品のひとつです。ヘアードライヤーのデザインはここ半世紀の間に大きな変化はなく、今でもほとんどのドライヤーがヘッド部分に大きなモーターを内蔵して風を起こしています。棒の根元よりも先端に重いものをつけたときの方が、より重く感じる体験をしたことがあると思いますが、それと同様にヘッドにモーターを内蔵した既存のドライヤーは、持ったときにどうしても重く感じてしまいます。Dysonは、その「不快感」や「不便さ」に正面から立ち向かい、新しいドライヤーの開発に踏み切りました。しかし、開発は決して楽なものではなかったといいます。持ち手に内蔵できるほど小さいにも関わらず、パワフルな風を出

すモーターを開発するのに時間を要したのです。初期バージョンの開発に動員されたエンジニアは100名以上で、かかった時間は延べ50ヵ月、使用した人毛は約1,600kmにも及ぶものだったといいます。そうした試行錯誤の末、ヘッドが筒状になった全く新しいデザインのヘアードライヤーが誕生したのです。

確かに明確な納期や売上予想などの目標（KPI）を定めることは、経営管理を行う上では有効です。ただ、著名な投資家でもあるアダム・グラントは、オリジナルな思考をもったクリエイティブな人材の研究『The surprising habits of original thinkers（独創的な人の驚くべき習慣）』の中で、「先延ばすことは、生産性の面では悪徳だが、創造性の面では美徳となり得る」と説いています。憤りや不便などの「心の声」に徹底的にこだわって、生産性だけでなく創造性も重視して商品開発を進めていくというダイソン自身の考え方が、今もなお dyson の社内に DNA として受け継がれているのです。

EP.2

B.LEAGUE

「怒り」はイノベーションの原動力になる

AR（拡張現実）で映し出されたバスケットコート、息を飲むスピーディーなゲーム展開。野球やサッカーと並び、日本において第3のプロスポーツリーグの誕生を目指し、ジャパン・プロフェッショナル・バスケットボールリーグ、「B.LEAGUE（以下、Bリーグと表記）」が2015年4月に設立されました。日本でBリーグが設立される前、プロバスケットボールは、大きく2つの団体（NBL、TKbjリーグ）に分かれていました。その状況が長く続くことを見過ごせないと判断した国際バスケットボール連盟（FIBA）は、日本バスケットボールの国際試合への出場資格を停止させると2014年に発表しました。こうした背景から、日本プロバスケットボールの統合をするべく白羽の矢が立ったのが、日本プロサッカーリーグ（Jリーグ）の設立に大きく貢献した、初代Jリーグチェアマンの川淵三郎さんです。川淵さんは、Bリーグの設立経緯や自身の信念について様々な場面で語っていますが、その原動力となったのは「怒り」だったといいます[20]。バスケットボールが国際試合にも出られなくなってしまっている状況への怒りや、バスケの素人が改革なんてできるはずがないという世間の声に対する怒りが、彼の闘争心に火をつけたのです。川淵さんは、「Bリーグ」という新しい"船"をつくり、そこに各チームが

乗り移るという発想でクラブ側や自治体と熱心に対話を重ねていきました。不可能だといわれる中、「ホームアリーナで8割以上の試合を開催する」「5,000人収容のアリーナを用意する」などの大きな目標を掲げて皆を引っ張りました。こうして、川淵さんは自身の「怒り」をエネルギーに変えることで日本プロバスケットボールリーグの統合を成し遂げ、国際大会への出場資格を得ることにも成功したのです。

ビジネス書のバイブルともいわれる『エクセレント・カンパニー』の共著者で経営コンサルタントのトム・ピーターズは、イノベーションの源泉について、「私の知る限り、『イノベーションの源泉』はひとつしかない。怒りだ。もっとはっきりいえば、『本気でムカついている人々』だ」と述べています。私自身は、イノベーションの源泉は複数あると考えていますが、怒りの感情（心の叫び）がイノベーションの種になることは間違いないと思います。うまく機械が動かないことへの「憤り」、こうあるべきだと思い描いた理想の世界と現状とのギャップに対する「苛立ち」といったマイナスの感情を押し殺すのではなく、創造のエネルギーへと変えてみてはいかがでしょうか。

WORKSHOP

魔法のランプ

「できっこない」が心の声を遠ざける

ビジネスを企画・構想するときに役立つワークショップに、「魔法のランプ」と呼ばれるものがあります。まずは、下記のように自問してみましょう。

ーもしも、目の前に魔法のランプがあったら何をお願いしますか？　何でも願い事をひとつ叶えてくれる魔法のランプです。中にはビジネス好きの魔人が鎮座しています。眩い光と共に、どんなサービスでもプロダクトでも必ずひとつ生み出してくれる、そんな魔法のランプがあったら、あなたはどんなサービスやプロダクトをつくってもらいますか？ー

魔法のランプは、あなた自身のやりたいことを制限をかけずに出しきるためのワークショップです。そんなこと"できっこない"という考えや一般論などは、一切不要です。無意識に常識や周囲の声などに囚われてしまいがちなあなた自身の「心の声」を拾うことが、このワークショップの目的だからです。下のステップ1・2を参考に、実現するための手段を考えてみましょう。ソフトバンクグループの孫正義社長は、日経CNBCのトーク・ドキュメンタリー番組『カンブリア宮殿』で若者に対して次のように語りかけました。

「あっという間に50代になり、60代になる。『そうはいっても現実はこうだから、夢物語ばっかり語ってもだめ、目先の現実を踏まえて……』と言っている人ほど、目先の現実の世界から逃れられないで人生が終わることが多い。現実が厳しいからこそ、自分の夢をもつことが大事だと思う、志高く」

自ら制限をかけてチャレンジしないのは、もったいないことだと強く印象づけてくれる言葉です。

［魔法のランプの手引き］

STEP 1

願いを思い浮かべる　　　　　1つに絞る

できるかどうかは考えずに、あなたが欲しいサービスやプロダクトを思いつく限り書き出します。そして、その中から1つに願いを絞っていきます。

STEP 2

ハードルを洗い出す　　　　解決策を考える

選んだ願いを実現するにあたっての課題や問題点を洗い出し、それぞれに対する解決策を考えてみましょう。

COLUMN

遊びを取り入れよう！❶

「遊び」が再評価される時代

遊びは怠惰で不真面目なもの？

平安時代の貴族たちは、蹴鞠や囲碁、双六、和歌などの様々な遊びを嗜んでいました。遊びは当時、限られた人だけに許された"高価"で"高貴"なものだったのです。18世紀半ばから19世紀頃になると産業革命によって機械化が進み、掃除や洗濯といった家事にかかる時間は大幅に減りました。しかし、その一方で遊びは"怠惰"で"不真面目"なものというイメージが定着していったといわれています。産業革命の時代を支えてきた工場では、画一的な製品を愚直に生産することが正義とされ、なるべく「遊び」を排斥することが生産性の向上に繋がると信じられてきました。それから大量生産・大量消費の時代が長く続き、経済は有史以来、急成長を遂げました。そして時代は、多くの先進国の一般家庭にテレビ、洗濯機、冷蔵庫などの家電が行き

平安時代中期の長編物語
『源氏物語』で描かれた、
蹴鞠の様子

届いた成熟社会に突入していきます。成熟社会になると、すでにほとんどの人は最低限必要な財やサービスを手にしているため、「画一的で大量生産されたもの」に価値を見出しにくくなります。ファストファッションに代表されるような「画一的で大量生産されるもの」から、手仕事もののような「クリエイティブで希少性の高いもの」へと移りつつある現代では、従来の量産的な考え方で価値を生み出すことが難しくなってきました。

求められるのは、クリエイティブスキル

世界経済フォーラム、通称ダボス会議が発表しているビジネスパーソンにとって必要なスキルを分析したレポート[21]によると、2015年時点では10位だった「クリエイティブ」のスキルが、2020年にはトップ3に入り、高く評価されるようになったことが分かります。柔軟な発想や独創的な考え方が求められるクリエイティブなスキルは、まさに遊びを通して培われる力といえます。ビジネスの現場でもクリエイティブなスキルが注目され始めたことで、今までは怠惰や不真面目などの負のイメージを纏（まと）っていた「遊び」が再評価され始めたのです。

昨今の創造性や独創性を重視する企業では、遊びの要素を意識的に仕事の中に組み込む工夫がなされています。例えば、数多くの名作を世に送り出してきたPIXAR（以下、ピクサーと表記）の映画『トイ・ストーリー』シリーズや『カーズ』などを手掛けたことでも有名

な映画監督、ジョン・ラセターの仕事部屋は、アニメーションのフィギュアが棚から落ちそうなほどに敷き詰められ、壁には絵の入った額が所狭しと並べられています。仕事場なのか、おもちゃ屋なのか、どこかのアートギャラリーなのか、一瞥しただけでは分からないような環境の中で働いているのですが、ピクサーはそれに対して寛容で個人に任せているようです。また、世界各国にある Google のオフィスも卓球台やテレビゲーム、ピアノなどが置かれ、さらにロッククライミング用の壁まであり、もはやオフィスなのか遊び場なのか区別がつかない内装となっています。また、Google は業務時間の内の20％を「普段の業務とは異なる」ことにあててよいとする独自の制度、通称「20％ルール」を設けています。今やデジタルインフラの一種となりつつある Gmail や Google マップ、Google ニュースなどの創造的なサービスのアイデアも、こうした自由な環境のもとで生まれました。同様に、ポスト・イットで有名な3M（スリーエム）も、業務時間の15％を自分の好きな研究に使ってもよいとする「15％カルチャー」という不文律があることを、企業のHPに明記しています。愚直に生産を行ってきた工場経済から脱しつつある現代において、仕事の中に「遊び」の要素を意識的に取り入れることが柔軟な発想と創造的な考え方を育てる土壌をつくるのでしょう。

04

カナリア

問いを見つける

カナリアは、有毒ガスを人間より早く察知できることから、古くから鉱山労働の現場で重宝されてきました。1995年に起きた「地下鉄サリン事件」の捜査としてオウム真理教の本部に突入する際も、警察官がカナリアを伴っていたことが話題になりました。ビジネスの現場でも、カナリアのように些細な変化を敏感に察知する能力が役立ちます。アルベルト・アインシュタインは、「自由落下する人は重力を感じないのではないか?」という誰も疑わないことを疑い、一般相対性理論を完成させました。情報が蔓延する現代では、答え探し以上に「問い」を見出せる人材が求められているのかもしれません。

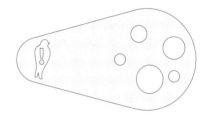

KEYWORD
夢中になる問い
問題提起
?を提供する
自灯明

答え探しではなく「良い問い」を見つける

ソクラテスとイエス・キリストの共通点

古代ギリシャの哲学者で哲学の祖ともいわれるソクラテスは、自分自身が無知であることを知っている人間は、自分自身が無知であることを知らない人間より賢いという意味の「無知の知」など、数々の名言や逸話を残したことで有名です。しかし、こうした逸話はソクラテス自身が書籍や記録を残したのではなく、弟子のプラトンやクセノポンによって書き記されたものでした。イエス・キリストも同様で、マタイ、マルコ、ルカ、ヨハネの4名の福音書記者によってまとめられたキリストの言行録が、新約聖書の中に収められています。なぜ、ソクラテスもイエス・キリストも書籍を残さなかったのでしょうか。もしかしたら、弟子たちに深く考えさせる機会を与えるために、あえて書き残さなかったのかもしれません。明確な答えを示すよりも、考えるきっかけとなる「問い」を投げかける方が、学びを深める上ではずっと重要なのです。

夢中になる「問い」を設定する

よく楽しい仕事がしたいという人がいますが、楽しい仕事とは一体何でしょうか。仕事自体の楽しさを考えるならば、私は取り組むべき「問い」が楽しいかどうかが重要な観点になると思います。例えば、「どうすれば、ある容器の売上をあと30％増やせるか？」という問題設定があったとします。この問いに向き合った人は、果たしてワクワクするでしょうか。仮に、この問いを「ある容器を繰り返し使いたくなるような"体験"とは何だろうか？」に変えてみたらどうでしょう。まず「体験」という言葉からいくつものイメージが浮かぶのではないでしょうか。他にも容器の起源を紐解くと、ものや液体を遠くまで安全に運ぶことに挑戦し続けてきた長い歴史が見えてくるはずです。そうした背景に着目して「これからの人類の挑戦を後押しする容器とは何か？」と考えてみるのも良さそうです。単に、今の売上を30％増やすための容器をつくると言われるよりも、ずっとワクワクしてきませんか。このように、良い問題設定とは「自分を捉えて離さない、夢中にさせてくれる問い」を考えることなのです。

誰でも簡単にインターネットにアクセスできる現代は、多くの「答え」で溢れかえっ

ています。だからこそ答え探しではなく、自分だけの「クリエイティブな問い」を見つけることが大切で、それによって誰も思いつかないような答えを導き出せるようになるのです。アルベルト・アインシュタインは、特許局に勤めていた頃に「自由落下する人は重力を感じないのではないか？」という生涯最高の問いに出合います。そして、その問いを突き詰めた結果、世紀の大発見ともいえる一般相対性理論に辿り着くことができたのです。後にアインシュタインは、「私は地球を救うために1時間の時間を与えられたとしたら、59分を 問題の定義に使い、1分を解決策の策定に使うだろう」と述べています。この言葉からも、問題解決をすること以上に「まず、何の問題を解決するのか？」を定義することが、いかに重要であるかが分かります。

"エッジの効いた問いを設定する"ことを抜きにして、新たな価値を創造することやイノベーションを起こすことは難しいのかもしれません。では、エッジの効いた問いを立てるにはどうしたらいいのでしょうか。そのヒントは、PayPal（ペイパル）の共同創業者、ピーター・ティールのエピソードの中にあります。彼は採用面接のときに「（今は）賛成する人がほとんどいない、（しかし）大切な"真実"とは何だろうか？」という質問を必ずするのだといいます。計画当初は誰も賛同しないが、突き詰めていくと今までとは違った新たな"真実"を導きだせるアイデアにイノベーションのヒントが隠されているのです。例えば民泊サービスを提供するAirbnb（エアビーアンドビー）は、「見ず知らずの人の家になんて誰も泊まらないだろう」と多くの人が考えることに対して、本当にそうだろうかと疑うところからスタートしました。その結果、「評価システムに基づく信頼性のもと、大多数の人は見ず知らずの人の家に喜んで泊まりにいく」という新たな真実が明らかになったのです。

Google

「問いかけ」を起点に会社を経営する

PCなどの情報処理能力は、指数関数的に向上し、与えられた課題の解を導き出す速度も劇的に進歩しています。そしてインターネットの拡大によって人と人の頭脳がグローバルに繋がった結果、何か問題が起こったときに、その「解決策」が世界中から集まる時代となりました。こうした情報革命の先導となった企業がGoogleです。創業当初のGoogleの使命は「どうすれば世界中の情報を収集・整理し、そこに世界中の人がアクセスし、情報を活用できるようになるのか？」でした。そのミッションを達成するべく彼らがとった手法は、世界中から疑問や問いを集めて「答え（らしきもの）」と結びつけることだったそうです。Googleの元CEOのエリック・シュミットは、TIME誌のインタビューで経営について、以下のように語っています。

「We run the company by questions, not by answers（私たちは答えではなく、問いかけで会社を経営している）」[22]

今では世界中の人がGoogleを使って知りたい情報にアクセスしていますが、当のGoogleは「答え」ではなく「問い」を起点にして経営を行っているのです。

彼らは、創業時からの問いを愚直に追い求めてきました。Googleの見立てによれば、インターネットにアクセスできずに、デジタル革命から完全に除外されている人々が世界に何十億人もいるそうです。人口が少ない国などは基地局を設置しても採算が合わないため、情報アクセスの恩恵を享受できずにいます。Googleは、そうした地域の成層圏に気球を打ち上げて中継装置として機能させることで、インターネット網を広げるプロジェクト「Loon（ルーン）」[23]を展開しています。2017年にハリケーン「マリア」が上陸した際には、Loonチームは米国の電話会社AT＆TやT-Mobileなどと連携し、通信インフラが損壊したプエルトリコに住む20万人以上の人々にインターネットを提供しました。また、2019年には、ケニアで初の商用モバイルインターネットサービスとして、成層圏に気球を飛ばすと発表。その後も次々と奥地や郊外に住む人へインターネット環境を提供することに成功しています。こうしたプロジェクトも、Googleが創業以来大切にしてきた「問い（使命）」を実現するべく進められているのです。

ブルーノ・ムナーリ

「疑問符」を投げかけ続けたアーティスト

大量生産・大量消費の時代には、均一化されたプロダクトやサービスをいかに効率的に生み出すかが求められてきました。産業化の波に飲まれ、均一化されたものや価値観に侵食されていくことに「疑問符」を投げかけ続けた人物がいます。グラフィックデザイナーや絵本作家などの様々な顔をもつイタリアの美術家、ブルーノ・ムナーリです。

彼の代表作に、『役に立たない機械』や『読めない本』といったシリーズ作品があります。一般的には人間の役に立つものが機械でしょうし、読むものが本でしょう。これらの作品のタイトルに使われている撞着語法と呼ばれる手法は、「明るい闇」のように一見矛盾している2つの言葉を組み合わせることで、「何だろう?」「どういうことだろう?」と受け手に思わせる効果があります。ブルーノ・ムナーリの作品の面白さは、タイトルだけではありません。『読めない本』が"読めない本"でありながら、本としても成立している点が実にユニークなのです。それまで本という出版物は文字や絵で構成されているものと認識されていました。そうした中、ブルーノ・ムナーリは1ページ1ページを視覚的な要素のみで構成して、本にすることに挑戦したのです。実際に『読めない本』は、色画用紙や半透明の紙など複数の素材で構成され、各ページはそれぞれ歪な楕円や小さな円、大きな三角といったランダムな形に切り取られています。ページをめくるごとに色紙が重なり合い、多様な色彩や図形が現れるようにつくられているのです。読者は、印刷された文字を読むのではなく、紙と紙が重なり合うことで生まれる色彩や図形そのものを楽しみ、その余白に自分の好きな光景を思い描くことができます。『読めない本』は、「本とは何だろう?」という本そのものの価値を私たちに問いかけてくる作品なのです。

ブルーノ・ムナーリが『役に立たない機械』のシリーズで表現した"非生産的な機械"を体現するかのようなロボットが、日本でも誕生しています。ソニーが開発したaibo(アイボ)や、GROOVE X(グルーブエックス)のLOVOT(ラボット)です。これらは、いわゆる工業用ロボットのような役に立つ機械ではなく、"人に癒しを与えるロボット"として開発されました。持ち主の顔を認識すると、鳴き声をあげてついてまわり、抱きあげられると眠りに落ちる様子は、まるでペットのようです。これらのロボットを眺めていると「本当に役に立つ機械とは何だろう?」と考えてしまいます。

EP.3   スマイルズ
「まだ誰にも見えぬもの」を形にする事業

ビジネスはアートに似ている

問いやアートを起点にして経営を行う企業に、スマイルズがあります。「妄想を実業に。クリエイティブという知恵をたずさえて」をコンセプトに、Soup Stock Tokyo（スープストックトーキョー）や、ネクタイブランドのgiraffe（ジラフ）、セレクトリサイクルショップのPASS THE BATON（パスザバトン）、ファミリーレストランの100本のスプーン、二階のサンドイッチなど多彩な事業を展開しています。スマイルズの創業者である遠山正道さんは、サラリーマン時代にこのまま定年を迎えては自身が満足しないだろうと思い、絵の個展を開催したことが起業するひとつのきっかけとなったそうです。遠山さんは、「アートはビジネスではないけれど、ビジネスはアートに似ている」と語ります[24]。実際にスマイルズは、アーティストのように事業を創発することでも有名です。あるときは、事業計画を『スマイルズのある1日』と題した"絵"で表現したこともあったそうです。その事業計画は、「生活価値の拡充」という理念に向かっていくことを視覚的に分かりやすく表現したものでした。

またSoup Stock Tokyoの企画は、ある日突然、「カウンターでひとり、スープをすすっている女性」が思い浮かんだことをきっかけにスタートしたといいます。温かいスープをすすっている女性のイメージから、「女性がひとりで入れる安心・安全なお店」「無添加の食べものを扱ったお店」などいくつものアイデアが、出てきたそうです。そして、そのアイデアを形にしたSoup Stock Tokyoの企画書もユニークなものでした。「スープのある1日」と題された企画書は、恵比寿にある架空の会社、日本センタッキー・ブライト・キッチンの秘書室に勤める女性"田中さん"を主人公にした物語形式で書かれています。事業計画の作成にあたっては、その事業をいかに成長させていくかを出資者や関係者に周

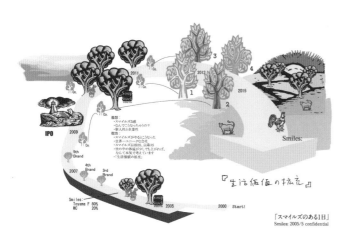

「スマイルズのある1日」
Smiles: 2005/5 confidential

知させるためにも、ストーリーが大切だとよくいわれていますが、実際に事業計画をある登場人物の物語で作成している点は独創的です。「スープを売っているが、スープ屋ではない」と書かれた企画書をもとに「安心・安全で、おいしい食事がゆっくりと食べられて、働く女性が共感できる『居場所』とは何か？」という問いから始まったSoup Stock Tokyoは、女性が安心して入れるファストフード店がほとんどなかった1999年に、1店舗目をオープンしました。

"自分ごと"にできるビジネス

スマイルズの独自性は、事業計画にとどまりません。例えば、マーケティングやアンケート調査などは実施しないそうです。「個展を開くときに、アーティストは街の人に、何の絵を描くべきか聞かないでしょ」と遠山さんは語ります。世間の声に頼らず、自分の中にある問いや発意にフォーカスするのだといいます。それは、「流行っているから」「市場動向やアンケート結果ではこうだったから」とビジネスの動機や発意を外部にもっていると、うまくいかなくなったときに踏ん張れないからなのだそうです。

仏教にも「自灯明」という言葉があります。

左：
「スマイルズのある一日」
と題した事業計画書
右：
Soup Stock Tokyoの
世界観を伝えるために
制作した店頭サインの
モック、遠山正道、1997

これは、先の見えない中で何を拠りどころに生きるべきかと悩むときは、まず自分自身を灯として前へ歩んで行きなさいと説いた教えです。自分以外の誰かを灯にしていると、それが失われたときに五里霧中に陥ってしまうことを忠告した言葉でもあります。スマイルズの事業ポートフォリオの軸は「自分事業」。いかに"自分ごと"にできるビジネスか、別の言い方をすれば、その本人がやる必然性がある事業か、を企業の方針として掲げています。遠山さんはアートを「まだ誰にも見えぬ、何か美しきもの・あるべきものを、想い感じ取り、それを立体化し、形にして息を吹き込んでいく作業」[25]と捉えています。そして、"まだ誰にも見えぬもの"は、外的なものにヒントを得るだけでなく、自身の内側から起こる発意や問題意識をベースに考えていくものだと説いているのです。

カネヴィンフレームワーク

問題の種類によって、取るべきアクションも変わる

因果関係の複雑性や不確実性が増す昨今では、何が問題か分からないという問題への処方箋が求められているように感じます。つまり、答えよりも解くべき問いを見つけることの価値が高まっているのです。その際に参考となるのが「カネヴィンフレームワーク」です。これは、物事を因果関係の明確さに応じて分類するフレームワークで、問題を分類することで取るべきアクションを明らかにすることができます。

「Obvious（単純系）」は、因果関係が明確な問題を指します。例えば、トイレに詰まった棒の取り方であれば、棒を取り除きさえすれば問題は解決します。このように因果関係が明確な問題に対して有効なのは、過去の最善の手法や事例を調べることです。

逆に、「Chaotic（混沌系）」のように因果関係がない、もしくは因果関係の有無というより緊急を要する問題のときは、根本的な解決策をすぐに見つけるのは困難です。震災やテロなどがこれにあたります。このような場合は、問題解決以前にレッド型組織と呼ばれるトップダウン的な行動を重視した組織形態による対策が求められます。

そして、地球温暖化や貧困問題のような、様々な局面で顕在化する社会課題の多くは、因果関係が複雑な「Complex（複合系）」か「Complicated（煩雑系）」に分類されます。これらは過去の事例や最善策を調べても前提条件が異なるため、行き詰まることが多いのです。複合系や煩雑系の問題を解く際に有効なのは、「そもそも何が問題なのか？」という適切な問いを探索することです。

例えば、路上生活者の課題は「複合系」か「煩雑系」の問題にあたります。路上生活を余儀なくされた要因は複数あり、そして複雑です。「絶対的な収入が足りないのが問題」と考える人や「教育が足りていないことこそが原因」と思う人もいるでしょう。後に紹介しますが、路上生活者や物乞いを行う人の格差や貧困といった社会課題にチャレンジした取り組みに『ストリート・ディベート』（→p103）があります。その取り組みでは、「彼らの尊厳を最大限に保つためにはどうしたらよいか？」という問いを立てることから始めて、それに対する問題解決を行いました。こうした一筋縄ではいかない問題に対しては「問い」の設定が要となるのです。

昨今では、問いの探索をアートが担う場面も見受けられます。顕在化していない問題をいち早く察知して、伝達・視覚化するアーティストの存在や姿勢が、ビジネスの現場や社会課題の解決における「問いの探索」の参考になるかもしれません。

［4つの因果関係］

Obvious（単純系）

因果関係が明解

＜有効な解き方＞
○ベストプラクティスや過去の事例調査

Chaotic　（混沌系）

因果関係がない、
もしくは緊急を要する問題

＜有効な解き方＞
○レッド型組織や強いリーダーシップ、
　トップダウン的な行動

Complex（複合系）

因果関係が複雑で、
常に変化するため、分析が困難

＜有効な解き方＞
○AIや量子コンピューター
○未来のあるべき姿から逆算して考える

Complicated（煩雑系）

因果関係は複雑だが、
解けないことはない

＜有効な解き方＞
○専門家による整理、分析、可視化

ブジャデ・レンズ・ワーク

見慣れた光景を新鮮な目で見直す

行ったことのない場所や起きていない出来事に対して、過去に訪れたことがある、同じことが起きたように感じるといった既視感を「デジャブ」と呼びます。スタンフォード大学のボブ・サットン教授は、デジャブを逆さにした「ブジャデ」という言葉をつくりました。ブジャデとは、自分がよく知っているはずのものを見て、突如として新鮮さを感じてしまう状況を指します。「ブジャデ・レンズ」ワークでは、ブジャデ・レンズ（見慣れているものを、新鮮な目で見直そうとする意識）をつけて、通い慣れた道やお店などに行ってみましょう。すると、今まで特に疑問をもたなかった些細なことが見えてくるようになるはずです。

例えば、ブジャデ・レンズをつけて行きつけのお店に行くと、お店のロゴマークの装飾や色使い、フォントの微妙な工夫に気づいたりします。お皿に着目すれば、その種類の多さや美しい絵柄に目がとまるかもしれません。ワークをするときだけでなく、偶然訪れたブジャデを大切にすることも重要です。見慣れていたものがある日突然、違うものに見えることはよくあります。ブジャデ・レンズを習慣にして日常からのインサイトを他の人とも共有し合うことで、また違った発見や次なるアイデア、取り組むべき課題などが見えるようになるのです。

ブジャデによって文化の違いに気づかされることもあります。例えば、文字や記号などを組み合わせてつくる「顔文字」ですが、海外から送られてきた顔文字が読めない（顔とは全く違うものに見える）と感じたことがある人もいるのではないでしょうか。日本で使われている顔文字は「目」の部分で感情を表現しますが、外国の顔文字は「口元」で表現することが多いことも違和感を覚える理由のひとつです。諸説あるそうですが、日本で最初に作成された顔文字は、目が笑っている「(^_^)」でした。海外では、顔を横にした「;-)」がよく使われますが、日本で顔文字がつくられる前の1912年に作家のアンブローズ・ビアスによって、笑っている口を表現するための記号として「___/!」（「口元」だけを表した顔文字）という顔文字が提唱されました。このことからも、海外では表情を表すのに「口元」が重要であることが分かります。新型コロナウイルスの感染予防においても、欧米ではアジアよりもマスクをつけることを習慣化させるのに時間を要したと聞きますが、これも口元から表情を読み取る欧米の文化的な背景があるように思います。

些細な違いや新鮮さを掘り下げていくことで、そのルーツや文化的な背景などを知るきっかけとなるかもしれません。ちょっとした時間に「ブジャデ・レンズ」をつけてみてはいかがですか。

05

バスケットシューズ

専門性を越境する

MITメディアラボの研究者、ネリ・オックスマン教授は、ひとつの領域だけで解決できる問題が少ない今、「サイエンス」「エンジニアリング」「デザイン」「アート」の4つの分野を越境して考えることが重要であると説いています。バスケットボールにおけるピボットのように、片足を軸にして各専門領域に踏み込んでいく領域越境の働き方が、ビジネスの場で求められています。かつて理論物理学者のポール・ディラックが、物理法則は数学的に"美しく"なければならないという信念からディラック方程式を生み出したように、異分野の知識や技術を融合させたところに、イノベーションに繋がる大きな発見があるのです。

CROSS BORDER

PIVOT

KEYWORD
領域越境
コラボレーション
専門性の結合
SEDAモデル
STEAM教育

異分野の融合こそがイノベーションを生み出す

創造性を支える４つの分野

ネリ・オックスマン教授は、「近代美術館に出展されるようなアート作品の制作を進めながら、『nature（ネイチャー）』などの科学雑誌の表紙を飾って」[26] とチームメンバーを鼓舞しているそうです。彼女は、「アート」「デザイン」「サイエンス」「エンジニアリング」という４つの分野を越境することが重要だと考えています。それは、近年はひとつの領域だけで解決できる問題が少なくなり、異なる領域や分野の「協創」や「融合」の必要性が増してきたからです。

オックスマン教授が注目しているアート、デザイン、サイエンス、エンジニアリングの４つの関係を理解する上で役立つのが、一橋大学の延岡健太郎教授が提唱する「SEDAモデル」[27] です。このモデルでは、サイエンスとエンジニアリングは「機能的価値」を、アートとデザインは「意味的価値」を実現するもの、と定義しています。さらに別軸では、アートとサイエンスは「問題を提起」し、エンジニアリングとデザインは「問題を解決」するものとして、領域における特徴や役割を分かりやすく分類しています。教育分野においてもこうした傾向が見られます。20世紀は「科学の世紀」とも呼ばれ、それに呼応する形でサイエンス、テクノロジー、エンジニアリング、マスマティクスの頭文字をとった「STEM教育」が重視されてきました。21世紀に入ると、STEM教育にアート・デザイン（A）を加えた「STEAM教育」が注目されるようになっています。ジョン・前田さんが 2008 年に Rhode Island School of Design（RISD）の 学長に就任したときに提唱したのも、STEAM教育の必要性でした。ジョン・前田さんは、「21世紀はアートとデザインが世界を変革するでしょう、20世紀に科学的テクノロジーがしたように」と語っています。

人類の進歩は「結合」の先にある

今から約500年前のルネサンス期の歴史を紐解くと、アートやサイエンスは元々切り離された概念ではありませんでした。ルネサンス三大巨匠のひとりであるレオナルド・ダ・ヴィンチは、『モナリザ』や『最後の晩餐』などを描いた画家として有名ですが、

彼はアーティストであると同時に、サイエンティストでもありました。芸術だけでなく、医学、科学、軍事、数学、工学、建築などの様々な分野に精通し、先進的で莫大な知識をもっていたため、"万能人"とも呼ばれていました。彼が遺した手稿である「ダ・ヴィンチノート」には、解剖学や飛翔機（オーニソプター）、回転翼機（ヘリコプター）の原型となる設計図面が描かれていたそうです。

近現代でも、アートとサイエンスは密接に関わっています。例えば、理論物理学者のポール・ディラックは、「物理法則は、数学的に美しくなければならない」という信念のもと、実験や計測からではなく自分のもつ美的感覚に従って万物の方程式の解明に挑みました。彼が生み出したのは、数学的な美しさともいえる"対称性"を内在したディラック方程式です。世界最大の素粒子物理学研究所である欧州原子核研究機構、CERN（セルン）の裏庭にある石碑には、ミクロの世界を表す素粒子の数式（標準理論の数式）が刻まれているのですが、その進化に貢献したのがディラック方程式でした。人類の大きな発見というのは、アートとサイエンスなどの異分野が融合したところに見出されるのかもしれません。それを裏づけるように、CERNでは「Arts at CERN」という芸術家と素粒子物理学者の対話促進や、異文化融合を推奨するプログラムを展開しています。

最近では、アートとビジネスを融合させる取り組みも盛んです。ニューヨークの現代美術館NEW MUSEUMがリードする「NEW INC」では、ビジネスにおけるイノベーションの発信拠点として美術館が活用されています。また、ジョン・前田さんが毎年発表している「Design in Tech Report」によれば、時価評価額が10億ドルを超えるベンチャー企業の創業者の20%以上は、STEAM教育でいうところの「A」すなわち、アート・デザインの領域にバックグランドをもっているといいます。まさに、ビジネス創発の素養としても、アート・デザインが注目されているのです。

<u>EP.1</u>

ネリ・オックスマン
領域を横断して創造のサイクルをつくる

イノベーションを生み出す円環図

ネリ・オックスマン教授は、イノベーションを生み出す円環図『Krebs Cycle of Creativity(KCC)』[28]を提唱しています。これは、アート、デザイン、サイエンス、エンジニアリングの領域を円環させることで、創造的なエネルギーを生み出すことができるという理論です。「サイエンスは探求を通じて情報を知識に変え、エンジニアリングは発明を通じて知識に実用性を加え、デザインは実用性を最大化することで私たちの行動を変え、アートは行動を変えることで新しい情報を世界に生み出す」というように、前の領域のアウトプットが後ろの領域のインプットとなって循環していくサイクルをモデル化したものです。この円環図は、酸素呼吸を行う生物全般にみられる生化学反応回路である「クエン酸回路」から着想を得て作成されました。クエン酸回路は、前の化学反応を受けて次の化学反応が引き起こされる環状のサイクルで、アート、デザイン、サイエンス、エンジニアリングの関係に類似しているとオックスマン教授は考えたのです。このように、それぞれの領域を横断するところに新たな創造のヒントがあると彼女は述べています。オックスマ

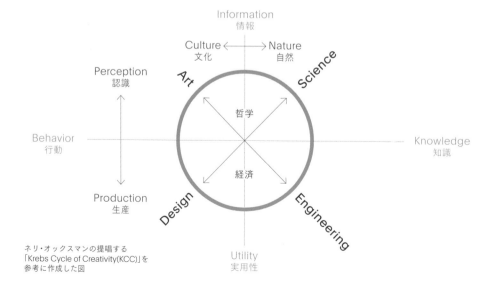

ネリ・オックスマンの提唱する
「Krebs Cycle of Creativity(KCC)」を
参考に作成した図

左：
『The Silk Pavilion
（シルク・パビリオン）』、
ネリ・オックスマン、
2013
右：
3Dプリンター「G3DP」で
出力したガラス作品、
ネリ・オックスマン、
2015

ン教授の代表的な作品のひとつに『The Silk Pavilion（シルク・パビリオン）』があります。「デジタル技術と生物由来の物質とを組み合わせることで、建築物レベルのプロダクトをつくり出すことはできないだろうか？」という問いのもと、ロボットアームが組み立てた骨格の隙間を約6,500匹の蚕が吐き出す絹糸で埋めて、絹のテントを完成させた作品です。糸の密度が高いところに集まる蚕の習性に合わせて設計された骨組みと、26個の多角形を組み合わせて球状をつくるというアイデアによって、最新のデジタル技術と生物の協働に挑戦してみせたのです。

領域横断で成長が加速する

彼女は、最新のテクノロジーを工芸の分野にも積極的に取り入れようとしています。例えば、ガラス製造は非常に高度な熱と熟練の匠の技術が要求されるため、プリズムのような現象を引き起こすガラス細工を機械で製造するのは難しいと業界では考えられていました。そうした中、オックスマン教授はガラス製造のための3Dプリンター「G3DP」を製作し、G3DPを使って美しく屈折する透明なガラス細工をつくってみせたのです。彼女がこうした領域横断的な活動に取り組むのは、テクノロジーの進化がデザインの進化を加速させてきた過去の歴史があるからだといいます。ある領域の進化や発展を別の領域にもち出して活かす、この領域横断の取り組みこそが人類の進化を加速させることを、彼女は数々の作品を通して表現しているのです。

EP.2

ライゾマティクス
専門領域と最新テクノロジーを掛け合わせる

アイルトン・セナは、フォーミュラ・ワン世界選手権（F1）において、1988年・1990年・1991年の計3度、ワールドチャンピオンを獲得した世界最高のレーシングドライバーです。ところが1994年のレース中、不慮の事故に遭い34歳という若さで帰らぬ人となりました。そんな彼への追悼を込めて行われたのが、『Sound of Honda ／ Ayrton Senna 1989』[29]というプロジェクトです。これは、1989年に鈴鹿サーキットで開かれたフォーミュラ・ワン世界選手権の日本グランプリ予選にて、アイルトン・セナが「マクラーレン ホンダ MP4／5」で記録した世界最速ラップを、映像や3DCGで体験できるコンテンツにしようというもので、このプロジェクトの一端を担ったのが、Perfumeコンサート演出の技術サポートなどを手掛けるクリエイティブ集団、ライゾマティクスでした。ライゾマティクス

は、光を用いたビジュアリゼーションのパートを担当し、ホンダ、電通、Qosmoらと共に、当時ホンダが開発した走行中のデータを収集するテレメトリーシステムに保存されていたセナのドライビングデータとマクラーレン ホンダ MP4／5の実車を使って、「あの日のセナの走り」をエンジン音と光でよみがえらせることに成功しました。

ライゾマティクスは、あらゆる領域と最新テクノロジーをコラボさせることで、今までにない演出を生み出し続けています。2017年には、狂言師の野村萬斎さんと共に、日本の伝統芸能である能楽を最先端テクノロジーで可視化する『FORM』『三番叟 FORM II』[30]というアートパフォーマンスを発表しました。三番叟とは、新年や祝賀会などの儀礼的な場で舞う祝典曲で、五穀豊穣を祈願するものとして民俗芸能の重要なレパートリーのひとつにもなっています。ライゾマティクスは、様々なセンサーを使って野村さんの舞をリアルタイムでデータ化し、その場で生成されるCGに反映することで、新たな「伝統芸能の舞台」を生み出しました。このように、最先端のテクノロジーを多方面の領域と積極的に組み合わせることで、見たことのない体験や世界観を演出しているのです。

『三番叟 FORM II』、
総合演出：野村萬斎
映像演出：真鍋大度
（ライゾマティクス）、
2018

マツダ
自動車に日本の「美意識」を取り入れる

マツダの成長を支えてきたカーデザイナーの前田育男さんは、世界で戦うことのできる自動車をつくるためには、欧米の猿真似ではなく日本の美意識に立ち返る必要があるのではないかと考えたそうです。そして、21世紀のサイエンスやテクノロジーの結集ともいえる自動車に、日本の"美意識"を取り入れようと「Car as Art(クルマはアート)」という目標を掲げました。その取り組みによって開発されたのが、2015年度の日本カー・オブ・ザ・イヤーにも選ばれた、マツダの「ロードスター」です。

一橋ビジネスレビュー[31]によれば、開発にあたって最初に着手したのは、肝となるキーワードの選定で、最終的には「動」「凛」「艶」の3つのキーワードに絞られたそうです。「動」はマツダの長年のコンセプトである「走る歓び」から、「凛」と「艶」は前田さんが考える日本の美意識の「凛とした佇まいや、品の良い艶やかさ」から出てきた言葉だといいます。さらに、この3つのキーワードを包括する概念として「魂動(Soul of Motion)」というコンセプトが生まれたのですが、この言葉を見つけるのに1年近くもの歳月を要したそうです。こうして誕生したのが、長年マツダが追い求めてきた「走る歓び」を体感させてくれ

るテクノロジーと日本の美意識を融合させた、ロードスターだったのです。

「Car as Art」を掲げる、マツダの自動車は世界でも高い評価を得ています。2018年には、デザインの祭典「Tokyo Midtown DESIGN TOUCH(東京ミッドタウン・デザインタッチ)」にて、ファッション雑誌「VOGUE ITALIA(ヴォーグ・イタリア)」のチームと、イタリア・ミラノで共同開催したイベントを再現しました。マツダの次世代モデル「ビジョンクーペ」と、VOGUE ITALIAのフォトグラファーが撮影した作品のコラボレーションによる展示です。これは、クラシックカーや最新のコンセプトカーの優雅さを競い合う世界的なイベント「Concorso d'Eleganza Villa d'Este(コンクール・ド・エレガンス・ヴィラデステ)」で、マツダが日本の美意識を突き詰めたビジョンクーペを発表したところ、VOGUE ITALIAからコラボレーションの申し出があったことで実現したそうです。まさにマツダが追い求める「Car as Art」の精神が世界に通じた瞬間でもありました。この異色のコラボレーションは、自動車のデザインをアートの領域にまで押し広げようとするマツダの挑戦のひとつともいえます。

WORKSHOP

レアカード

専門性の軸足をもちながらピボットする

「1万時間の法則」と呼ばれるものがあります。どんな分野でも1万時間もの鍛錬を積めば、その分野における専門性を身につけることができるという法則です。この「1万時間の法則」はアンダース・エリクソン教授らの研究をもとに、作家マルコム・グラッドウェルが提唱したものです。

日本にも、この「1万時間の法則」を応用して、新しいキャリアの構築方法を提案する藤原和博さんという方がいます。藤原さんは、リクルートで営業の仕事を極めた後に、東京都初の中学校の民間人校長を務めました。彼は、1万時間の鍛錬で「100人に1人の人材」になれると考えています。その上で、バスケットボールにおける "ピボット"（片足を軸にして、もう一方の足を動かすこと）のよ

うに、自分の専門領域に軸足を置きながらも、もう片方の足を新たな領域に踏み出して、その領域でも1万時間の鍛錬を積むことで100×100で「1万人に1人の人材」へと成長できると述べています。そして、さらなる新領域へとピボットを踏めば、誰もが「100万人に1人の人材（100×100×100＝100万）」になれるというのです。藤原さんは、これを「キャリアの大三角形」[32] と呼んでいます。

もし、あなたがある分野での専門性を1万時間積み上げてきたのであれば、もう片方の足を別の領域に置き、その相乗効果で自身の活動の幅を広げていくことができます。長期的な経歴を見直す際には、この「キャリアの大三角形」を考えてみてはいかがでしょうか？

［100万人に1人の存在になるための三角形］

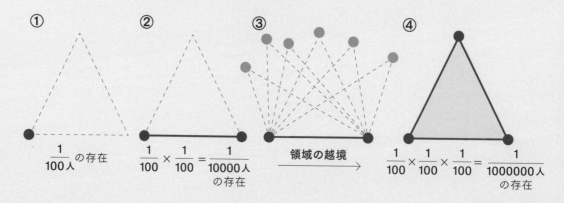

① $\frac{1}{100人}$ の存在

② $\frac{1}{100} \times \frac{1}{100} = \frac{1}{10000人}$ の存在

③ 領域の越境 →

④ $\frac{1}{100} \times \frac{1}{100} \times \frac{1}{100} = \frac{1}{1000000人}$ の存在

06

アンテナ

五感を拡張する

「第六感は誰にでもあります。それは心の感覚で、見る、聴く、感じることがいっぺんにできるのです」。これはヘレン・ケラーの言葉です。最近、「UX（ユーザーエクスペリエンス）」という言葉をよく耳にするようになりましたが、"真の顧客体験"を追求するには、目に見えるものや頭で考えられることだけではなく、顧客の「五感」や「六感」に響くサービスやプロダクトを考える必要があります。私たちは無意識のうちにからだで非常に多くの情報を読みとっているからです。日本に根づくおもてなしの精神やエンターテインメントからも、顧客に「豊かな感情」を抱かせるヒントを見つけることができます。

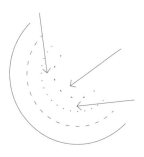

KEYWORD
五感、六感、直感
顧客体験（UX）
エンターテインメント
気分、モード

五感・六感から創造する顧客体験

からだなくして感情は生まれない？

からっと晴れた日に森を散歩すると、私たちは清々しい気分になります。それは、木洩れ日の揺らぎ（視覚）、風や鳥のさえずり（聴覚）、落ち葉の感触（触覚）、森の香り（嗅覚）などによって五感が刺激されるからです。南カリフォルニア大学で認知神経科学の研究をするアントニオ・R・ダマシオ教授は、『デカルトの誤り 情動、理性、人間の脳』という本の中で、実験的論拠をもってひとつの学説を唱えました。それは、「身体を介して受け入れる感覚刺激が感情をつくり出し、それが人間に意思決定を起こさせる」という考えです。つまり、からだなくして「感情」は生まれないというのです。

私たちは、様々な情報を五感でキャッチしているにも関わらず、日常で得られる情報の多くを視覚に頼って生きています。しかし、視覚から得られる情報が必ずしも正しいとは限りません。視覚はよく錯覚を起こすといわれています。それを示す実験に、「細長いグラスとずんぐりグラス」があります。同じ量の水を飲んだとしても「ずんぐりグラス」の方が多いと感じることが実験で分かっているのです。これは視覚のバイアスと呼ばれる現象で、商品パッケージなどにも応用されています。例えば、製品画像をパッケージの左や上に配置すると軽く感じ、右や下に配置すると重く感じるという視覚のバイアスを活かして、消費者が感じてほしいイメージを逆算してパッケージデザインをつくられます。私たちは、知らず知らずのうちにこうした視覚的なイメージに引っ張られているのです。

ただダマシオ教授が述べたように、私たちの「豊かな感情」を呼び覚ますものは、森を散歩したときに五感で感じるような体験の中にあります。ビジネスの現場でも、顧客体験を意味するUXという言葉をよく耳にするようになりましたが、真の顧客体験を追求するには、「五感や六感に響くサービスやプロダクトとは何か？」を考える必要があると思います。

五感のすべてを働かせる行為で代表的なのが「食」です。一連の食事シーンを思い浮

かべてみると、食材を見て（視覚）、箸でつまんで（触覚）、味わいながら（味覚）、素材の香りや音を楽しむ（嗅覚・聴覚）行為であることに気づきます。また食事をする環境にも、多くの工夫がされています。日本に古くからある「おもてなし」という言葉は、漢字に直すと「表無」になります。"表がない"つまり、裏の仕事が大事という意味が込められた言葉です。料亭では、美味しい料理を提供するために仕入れや下ごしらえなど膨大な時間をかけて準備をしています。食事を最高の状態で味わってもらうために、畳の上の座布団の厚さ、窓から見える景色、卓の上の花瓶、揃えて置かれている履物など、細部にまで行き届いた心遣いがあり、そのすべてが「おもてなし」の精神といえるのです。

気分や脳のモードをどう切り替えるか？

少し話は変わりますが、私たちの気分や脳のモードは環境や使う道具、状況などに応じて切り替わります。絵本作家の荒井良二さんも使う道具を意識して、自分の中の気分やモードをコントロールしているそうです。国際的にも高い評価を得ている荒井さんの絵本は、まるで子どもの絵のように自由で伸びやかです。テレビ番組『プロフェッショナル 仕事の流儀』に出演した際[33]に、プロフェッショナルの道具として荒井さんが紹介した画材の中には、極端に短い色鉛筆やクレヨン、折れた鉛筆の芯などが多数混ざっていました。通常の長い色鉛筆やクレヨンを使うと、うまく描こうとする「おとなの自分」が顔を出してしまうため、あえて不自由な道具を使うことでおとなの自分を追い払うのだと、荒井さんはいいます。さらにワークショップを通して、子どもたちと一緒にいつもとは違うからだの使い方をすることで、「子どもの自分」モードをつくることを意識しているのだそうです。このように、荒井さんは、道具や動作から自身の「気分」や脳の「モード」を意図的につくっているのです。顧客体験を考える際には、「顧客の気分やモードを切り替えるにはどうすればよいか？」という視点で見るクセをつけてみてはいかがでしょう。

<u>EP.1</u>

Iloinen Lorutoukka、Oodi
五感を刺激するフィンランドの文化

子どもの五感を刺激する絵本

雄大な森林と美しい湖に囲まれた北欧のフィンランドは、国連が毎年発表する「世界幸福度ランキング」で2018年から2019年に渡って1位を獲得してきました。教育に力をいれている同国では、保育園から小中一貫校、職業学校、大学に至るまで学費がすべて無料だそうです。それは、国の将来を担う子どもたちへの教育は、有意義な投資だと考えられているからです。また、国際NGOのセーブ・ザ・チルドレンが発表する「お母さんにやさしい国ランキング（2014年版）」でもトップに輝いています。フィンランドには、子どもが生まれるとベビー服や羽毛布団など子育てに必要なものが国から無料で届く、「育児パッケージ」と呼ばれる仕組みがあります。その中に入っているもののひとつに、『Iloinen Lorutoukka』というタイトルの絵本があります。五感を刺激する工夫が施された言葉遊びの絵本で、挿絵を担当しているのは絵本作家のアンネ・ペルトラです。彼女は、絵本作家として活躍する前は、スカーフやネクタイなどのデザインやテキスタイルを専門にしてきた服飾デザイナーでした。ペンブックスのインタビューで、彼女は絵本づくりについて次のように語っています。

「絵本は読み物というイメージが強いですが、私はあくまでも手の触感や感覚を大事にしていきたいですね。そう、手工芸のような世界観で」[34]

彼女は、絵本作家としてのキャリアをスタートさせたときも、自身がデザインした生地を編集部に持参したほど素材に強いこだわりをもっていました。『Iloinen Lorutoukka』は、様々な柄や質感の素材を使ってつくられていて、絵本を通して親と子の共同読書の経験や、歌と踊りなども楽しめるように設計されています。教育を重視するフィンランドでは、このような五感を刺激する絵本を子どもたちに無料で配布することで読み書きだけにとどまらない、からだを使った「学び」を促しているのです。幼い頃に、読んでもらった絵本の匂いや手触り、読み聞かせる両親の声などを大人になっても覚えている人も多いのではないでしょうか。

からだを使って学ぶ図書館

フィンランドには、世界で最も美しい図書館として有名なヘルシンキ中央図書館「Oodi（オーディ）」があります。「Oodi」とは、フィンランド語で頌歌（神の栄光や人の功績などを褒め称える歌）を意味する言葉です。この

上:
ヘルシンキ中央図書館、
Oodiの外観
下:
館内の様子

図書館は、本だけが置かれた場所ではありません。直線的な本棚に対して、滑らかな曲線を描いた真っ白な天井が、開放的な空間をつくり出しています。また、建物の上半分が全面ガラス張りになっているので、館内にいても陽の暖かさを感じられるのです。館内には、材料費を負担すれば誰でも利用可能な3Dプリンターや大判プリンターなどが完備されているため、訪れた人は本からインプットを得るだけでなく、アイデアを自由にアウトプットすることができます。Oodiは、図書館を「頭」を使う場所から「からだ」を使って学ぶ場所へとアップデートした画期的な図書館なのです。

EP.2

三ツ矢サイダー、Surface

ゼロから「音」をデザインする

"爽快感" を演出する開封音

フェルメールの絵画には、よく楽器が描かれ
ています。絵画の中に描かれた "鳴るはずの
ない" 楽器。それらの楽器から美しい音色が
流れてくるように思うのは私だけでしょうか。
人間の五感の中で最も早く形成されるのは、
聴覚だといわれています。お腹の子どもに話
しかけたり、歌を聞かせてあげたりする胎
教がありますが、赤ちゃんはお腹の中で一体
どのような「音」を聞いているのでしょうか。
私たちの身のまわりにもたくさんの音が溢れ
ていますが、実はビジネスの現場でも、聴覚
への刺激を考えてつくられた商品がたくさん

左：
『ギターを弾く女』、
ヨハネス・フェルメール、
1670年頃
右：
Surface Laptop 3、
Microsoft

あります。例えば、「清く、涼しく、気持ち
がスーッと澄みわたる」のコピーでもお馴染
みの三ツ矢サイダーは、国民的炭酸飲料とし
て何十年にも渡って愛されてきました。この
三ツ矢サイダーのボトルを開けたときに出る
「プシュッ」という音ですが、炭酸の抜ける
ときに出る自然な音だと思っている人がほと
んどではないでしょうか。実はこの音、開け
た瞬間の "爽快感" を演出するために、蓋を
開けるときの振動（音の波形）を緻密に計測
して、素材や造形の微調整を繰り返し計算す
ることで生み出された、科学の結晶ともいえ
る「音」なのです。

生活に寄り添う PC の音とは？

日本でメガヒットを達成している商品にマイ
クロソフトが開発する Surface（サーフェイス）
があります。Surface は、「どんな人が、ど
んなところでも利用できること（中略）それ
は、音楽を奏でるときに、楽器を気にしない
のと同じように、使うことを気にしないデバ
イス」を目指して開発されたノートパソコン
です。米国マイクロソフト本社のチーフプロ
ダクトオフィサーであるパノス・パネイが日
本を訪問して Surface を紹介した際に強調し
たのは、開発における細部へのこだわりでし
た [35]。急いでいるとき、休んでいるとき、い

らいらしているときなど、私たちは日々の様々なシーンでPCを使用します。Surfaceの開発は、そうした日々のライフシーンを想像しながら進められたそうです。パノスは、移動に便利な軽さはもちろん、ハードウェアを閉じたときの感触にも注目してほしいと語ります。それは、生活の中でPCを閉じるときに、どんな音がしてほしいだろうか？　と考えたことで生まれた「鳴るか鳴らないかの静かな音（質感）」でした。またキーボードにおいても、東レが1970年代に開発したアルカンターラの布地をレーザーで正確に裁断してキーにはめ込むことで、タイピングする際の柔らかな質感とオフィスでも気にならない「静かで不快にならない音」を実現しています。

Surfaceは、音楽を奏でる"楽器"のような立ち位置で、演奏（仕事）に集中できるものになるように音や質感の細部にまでこだわってデザインされているのです。

誰もいない森で木が倒れたら、音はするのか？　という哲学の分野で有名な問いがあります。これは、「聴覚という感覚器官が音をつくり出しているのではないか？」という問いかけです。三ツ矢サイダーもSurfaceも、いわばゼロから音を創造していますが、その際に重要になるのが「聞いたことのない音」を想像することです。これらの音は、過去に五感で感知したあらゆる体験をもとにして生み出されているのです。

EP.3   分子ガストロノミー、EN TEA HOUSE

脳がびっくりする、視覚を超える食体験

素材の味を引き出す料理の科学分野

「分子ガストロノミー」という言葉を聞いたことはありますか？　調理による食品の変化を分子レベルで解析し、科学的に説明しようとする研究分野のことです。経験に基づいて伝えられてきた料理の技術や、曖昧に表現されていた味覚、風味、食感などを形式化することで、食材の保存や活用、レシピの改善、新たな料理開発への応用が実現可能となります。実は、日本は分子ガストロノミーの領域である "味の科学的分析" に強いことでも知られています。スーパーやコンビニでよく目にするようになった「秘伝のダシ」や「洋食店のソース」も味の科学的分析に基づいてつくられた商品です。天然調味料のリーディングカンパニーであるアリアケジャパンは、この技術を使って「有名ラーメンチェーン店の秘伝のダシ」や「一流洋食店で使うソース」などの商品を生み出し、生産拠点を世界各国にまで拡げています。素材の味を究極に引き出す料理の手法ともいうべき分子ガストロノミーは、五感すべてに働きかけることから、「人の脳をびっくりさせる料理」ともいわれています。近年では、分子ガストロノミーを提供するレストランや料理店が増え、「五感を鋭く刺激する今までにない感覚」が味わえ

ると、決して安くはないお値段ながらも、舌の肥えた来店者から人気を博しています。

感覚を刺激して、体験効果を高める

人の脳を喜ばせる食体験、すなわち「食のエンターテインメント」への試みは、分子ガストロノミーの分野にとどまりません。米国のTIME誌で「World's Greatest Places 2019（世界で最も素晴らしい場所 2019年度版）」に選ばれた、MORI Building DIGITAL ART MUSEUM：EPSON teamLab Borderless は、森ビルがとチームラボが共同で企画・運営する東京・お台場にあるミュージアムです。その中にあるEN TEA HOUSE（エンティーハウス）は、佐賀県嬉野市で生まれた茶葉ブランドEN TEAとチームラボのコラボレーションによって誕生したティーハウスで、teamLab Borderless の公式サイトでは次のように紹介されています。

左：
ティーカップの中のお茶や
アイスクリームに映像作品が
映し出され変化していく、
EN TEA HOUSE
右：
EN TEA HOUSE内の様子

「一服の茶を点てると、茶に花が生まれ咲いていく。花々は茶がある限り無限に咲く。器の中の茶は、花々が咲き続ける無限の世界となる。その無限に広がる世界をそのまま飲むティーハウス」

訪れると最初は、薄暗い空間の中で光り輝く映像作品に目を奪われます。これらは、コンピュータープログラムによってリアルタイムで描かれるもので、ティーカップに残っているお茶の量や器の動きなどの影響を受けて刻一刻と変化していきます。視覚がインスタレーションに慣れてくると、味覚がより敏感になってお茶がおいしく感じられるようになります。ここで提供されるお茶は、若き天才茶師として知られる松尾俊一さんと、日本の伝統文化を探り多くの職人を束ねる丸若屋の出会いから生まれたものです。茶畑や製造過程も一貫して自然に寄り添った農法にこだわってつくられているため、元々おいしいお茶であることは間違いありません。その上で、ティーハウス内の薄暗さによって視覚が制限

されることや、季節によって変化していく映像を眺めることで、お茶の味や飲むという行為の1つひとつに意識が向くようになり、味覚がより一層鋭くなるのだと思います。

また、東京ディズニーランドホテルで行われている「ディズニー・ダイニング・ウィズ・ザ・センス」も今人気の食のエンターテインメントプログラムです。ゲストはアイマスクを身につけて、テーブルへと導かれます。そこでは、『ライオン・キング』『アナと雪の女王』『美女と野獣』『リトルマーメイド』『アラジン』などのディズニー映画を題材にした、視覚以外を頼りにする"見えない"ショーとコース料理を楽しむことができ、登場人物の声や音楽、シェフの掛け合いから、あたかも自分がその作品の世界にいるような気分を味わえるのです。究極の顧客体験とは、顧客に「損か得かを忘れさせるサービス」だといわれます。五感への刺激によって、体験者の豊かな感情が引き出されることでより顧客満足度の高いサービスとなるのです。

WORKSHOP

付箋ワークショップ
自分自身の価値基準や決断力を高める

ビジネスの現場は、決断の連続です。Aの事業を廃止して、Bの事業に注力しようと決断する。C案を取り下げ、D案で進行する。EのデザインではなくFのデザインを選択するなど、あらゆる局面でベストな決断を下すことが求められます。こうした決断力をつけるために必要とされるものに、「センス」「感性」「直観」があります。

例えば、この絵が好き嫌い、この作品は面白いつまらないなどの判断力は、日々取捨選択を繰り返す中で自然と磨かれていくものです。ただ、自分自身の感性や価値判断に自信がない人もいると思います。それらを鍛える方法はたくさんありますが、気軽にできるものとしておすすめなのが「付箋ワークショップ」[36]です。

【用意するもの】
・付箋　2色（赤・青など）
　※ペンなどでも代用可能
・写真集、カタログ、雑誌など

やり方は簡単です。写真集やカタログ、雑誌などに掲載されている写真やイラスト、プロダクトのデザイン、キャッチコピーなどを見て、好きなものに「赤」、嫌いなものに「青」、よく分からない（判断できない）ものには何も「つけない」というように、付箋やラインで印をつけていきます。

次に、「赤」や「青」の付箋を貼った写真やプロダクトを眺めながら、自分の好きなものや嫌いなものの傾向や理由を考えてみます。その上でさらに注目してほしいのは、付箋をつけなかった（判断できない）ものの多さです。

センスとは、自分の判断軸で好きか嫌いかを決める力です。自分が「よく分からない」と感じたものについては、センスが良いと思う人に意見を聞いてみましょう。その人の意見を聞いた上で改めて眺めてみると、また違った見え方になるかもしれません。自分で判断ができないものは、第三者からの意見を得ることで新しい視点やその人の判断基準などを自分の中に取り入れることができるのです。

自分自身のもつ感性や判断基準に自信がない人や、様々なものに対しての決断力を高めたい人は、「付箋ワークショップ」を時間のあるときや、月一の会議のネタとして取り入れてみてはいかがでしょうか。判断するテーマはデザインでもキャッチコピーでも、どんなものにも使えます。日々の小さな決断を積み重ねていくことで、物事を見極めるセンスもきっと磨かれていくはずです。

07

万華鏡

多様な視点をもつ

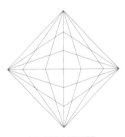

PERSPECTIVES

KEYWORD
視点の変化
ダイバーシティ（多様性）
多面的、多角的
異なる役割

ダイバーシティ（多様性）という考え方が世の中に浸透した今、ビジネスの現場においても人種や性別を越えて様々な価値観を受け入れることが求められています。この考え方はチームの編成だけでなく、自分の内面にも当てはまります。「ミクロとマクロの視点がひとりの人間の中に同時に存在してこそ、より正確でより豊かな世界観を抱くことが可能になるはずだ」と述べたのは、作家の村上春樹さんです。見る角度によって模様が変わる万華鏡のように、ひとつの事象を複数の視点（多面的・多角的）で捉えられるようになることが、ダイバーシティや新しい価値観を受け入れる第一歩となるのです。

視点が変われば、景色も180度変わる

「多くの目」でものづくりをする

私たちは、日常生活を支える多くのものを輸入すると同時に、多くのものを輸出して、国ごとに足りないものを補い合っています。この輸出と輸入の差額のことを「貿易収支」と呼びます。ある国の輸出はある国の輸入になるわけですから、その合計は普通に考えれば「ゼロ」になるはずですが、実際のところ地球全体の貿易収支はゼロにはなりません。そればかりか、むしろ大赤字になるということが知られています。このことを「宇宙人との貿易収支」と呼ぶ人もいます。定説では、輸入されるものはしっかり管理される一方で、輸出されるものについてはチェックが甘く、それがこの結果を導き出しているのではないかといわれています。地球全体の貿易収支はゼロにならないという事実は、一国の貿易収支だけを見ていても分かりません。目線を変えて眺めることで発見できる事実なのです。

ダイバーシティ（多様性）のない状況のことを「インド向けの商品開発を日本人だけで考えている」と揶揄することがあります。多様性のあるチームを編成することは、偏った価値観に陥らないようにするためにも大切です。「デザイン思考」を発信しているスタンフォード大学のd.schoolでは、テーマに取り組むときは可能な限り国籍や性別などをバラバラにしたチームをつくるそうです。これは、様々なバックグラウンドの価値観や考え方を集結させると、議論がより活発化すると考えているからです。

自分の中にも多様性をもつ

多様性を取り入れるのはチームの編成だけではありません。会社員としての自分、一児の父としての自分、テニス好きの自分、というように個人の中にも"多様性"は存在します。サッカー選手の本田圭佑さんが、ACミランへの移籍理由を聞かれたときに次のような返答をしたことが話題となりました。「心の中で、私のリトル・ホンダに聞きました。『どこのクラブでプレーしたいんだ？』と。そうしたら、心の中のリトル・ホンダが『ACミランだ』と答えた。そういう経緯があって、ACミランに来ました」。本田さんのように自分の中に複数の視点をもつことで、物事を決める際によ

り多角的に検討できるようになるのです。

創造においても、自分との対話は大切なプロセスです。アンリ・ジョルジュ・クルーゾー監督が、絵画の巨匠パブロ・ピカソの制作過程をカメラで捉え続け、その創造力の秘密に迫った『ミステリアス ピカソ 天才の秘密』というドキュメンタリーがあります。この作品は次のようなナレーションから始まります。「もし詩を書くランボーの頭の中をのぞけたら。作曲中のモーツァルトの頭の中をのぞけたら。もしそれができれば……、芸術家が挑む危険な創作のメカニズムがわかる。詩や音楽では不可能だが絵画ならできる。画家の筆の動きを追えば創作過程がわかるからだ」。絵を描いているときのピカソは、まるでもうひとりの自分と会話をしているかのようです。"花"のような造形を描いたかと思えば、その絵は"魚"のように変化し、"鳥"になり、最後は、"人"のようにも見える……。ピカソの創造のプロセスは、自身が描いたものに対する「発見」と、内なる自分との「対話」の連続でつくられているのです。

また、私たちは人生の中で体験する出来事をきっかけに、ものの見方が大きく変わることがあります。NASAの宇宙飛行士マイク・マッシミーノは、宇宙空間での作業中に地球を眺めたときの体験をNational Geographicのインタビューで次のように語っています。「ある時点まで、天国から地球を見るとこんなふうに見えるのだろうと思っていました。しかしその後、『違う。これはそれ以上に美しい』と思うようになったのです。天国そのものがこのような姿に違いありません。この惑星は一つの楽園なのだと思います」[37]。視点が変われば、ものごとの捉え方が180度変わることがあります。それはビジネスの世界でも同じなのかもしれません。

EP.1   **桃太郎が語る 桃太郎**
主人公の視点で語られる昔話

「天の声」から「1人称」の物語へ

「もしも、桃太郎自身の目線で語ったらどういう物語になるのだろうか？」というアイデアから誕生した絵本があります。1人称童話シリーズの『桃太郎が語る 桃太郎』（文：クゲユウジ、絵：岡村優太、高陵社書店）[38]です。「昔々あるところに……」で始まる、スタンダードな昔話は決まって3人称、つまり"天の声"で書かれています。それを1人称の視点に変えた『桃太郎が語る 桃太郎』の冒頭は、「すぅーといきをすいこむと、あまくてやさしい、いいにおい。ぼくは生まれる前、大きな桃の中にいました」から始まります。繰り返し読んだはずの桃太郎の話も、語り手が桃太郎になるだけで、今までとはまったく違う物語へと変貌するのです。クライマックスとなる鬼との闘いでは、「ぼくはいつの間にか、ふるえていました。ぼくは鬼がこわいと思いました」と主人公が心境を吐露するような場面も出てきます。本の見開きを使って鬼の絵が臨場感たっぷりに描かれることで、自分より大きな相手に闘いを挑む、桃太郎の恐怖や緊張感が伝わってきます。そうした効果から

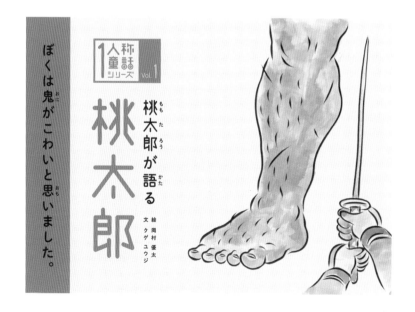

左：
『桃太郎が語る 桃太郎』書影、
文：クゲユウジ 絵：岡村優太、
高陵社書店
右：
『桃太郎が語る 桃太郎』p30-31、
文：クゲユウジ 絵：岡村優太、
高陵社書店

読者は思わず主人公の桃太郎に感情移入してしまいそうになるのです。

「もしも自分なら？」を想像する

この絵本では、「もしも、あなたが桃太郎なら、どんな桃太郎？」という問いかけが物語の各所に散りばめられています。桃の中から生まれたとき、村を旅立つとき、怖い鬼と向き合ったとき、あなたならどんな気持ちがするだろう？　と問いかけることで、絵本を読む子どもたちに主人公の視点だけではなく、「もしも、自分なら？」を想像するきっかけを与えているのです。

3人称視点から1人称視点への転換は、ビジネスの現場でも活用されています。例えば、ある製薬会社では、新薬の開発者やその関係者が、薬を使っている患者さんと交流する機会を積極的に設けているそうです。この体験を通して、患者さんの直の声や病気の現状を目の当たりにすることで、“自分ごと”として受けとめられるようになるといいます。相手を深く知って、「この人を絶対に治してあげたい」と思うことによって新薬の研究・開発に対しても前向きに取り組むことができるのです。

毛虫のボロ
1匹の毛虫の視点で世界を見る

東京・三鷹にある、三鷹の森ジブリ美術館の映像展示室「土星座」で上映している『毛虫のボロ』という14分程の短編アニメーション映画があります。原作・脚本・監督を宮崎駿さん、音楽を久石譲さん、そして主人公のボロの声をタモリさんが演じるという異色のコラボレーションで生まれた作品です。『毛虫のボロ』は、ある住宅地にある小さな畑に生えた雑草の上で暮らす昆虫たちの営みを、1匹の「毛虫の視点」で描いた不思議な作品で、道端のボロギクに付着した卵の殻を破って誕生した、1mmにも満たない毛虫の赤ちゃん「ボロ」が世界を目にするところから物語はスタートします。

生まれたての"毛虫"から見える世界はとても幻想的です。"空気の結晶"が透明なゼリー状のキューブとなって漂う様子が描かれ、「虫のように小さな生き物の目から見ると、空気はこのように見えるのではないか？」「朝の光や夜の闇はこのように見えているのではないか？」といった空想が、巧みなアニメーションで次々と表現されていきます。私たちにとっては無色透明な空気でも、"虫の視点で世界を見る"という世界観の中では、全く異なって見えるのです。これは、ドイツの生物学者ヤーコプ・ユクスキュルが提唱する

「環世界」の概念にも通じるところがあります。この環世界については、ユクスキュルが次のように述べました。

「すべての生物は自分自身がもつ知覚によってのみ世界を理解している。そのため、すべての生物にとって世界は客観的な環境ではなく、各々が主体的に構築する独自の世界である」[39]

『毛虫のボロ』の世界は、毛虫から眺めた世界がどうなっているかを想像して描いたフィクションなのですが、私たちに普段とは異なる「視点」で世界を見るきっかけを与えてくれます。映画の中では一切、日本語などの言語は使われず、「ボロ、ボロボロ」という擬音語のみで物語が紡がれていくことも魅力のひとつです。人間の言葉をあえてはさまないことによって、感覚的に虫から眺める世界を楽しむことができるのです。

Punchdrunk
多面的なストーリーを楽しむ参加型演劇

英国の劇団Punchdrunk（パンチドランク）は、"演劇とは、観客が客席に座って鑑賞するもの"という従来の鑑賞スタイルに異を唱えた、フェリックス・バーによって2000年に設立された劇団です。彼らは、イマーシブシアター（没入型演劇）ともいわれる「体験型演劇作品」を追求してきました。このような観客参加型の演劇は、日本でも密かなブームとなっています。2020年2〜3月に上演された佐藤隆太主演の『エブリ・ブリリアント・シング 〜ありとあらゆるステキなこと〜』（翻訳・演出：谷賢一）[40]は、開演前からキャストが観客に話しかけたり、上演中にカードを渡された観客がそこに書かれた内容を読み上げたりと、観客とともに物語を紡いでいく新しい形の演劇として注目されました。

話を戻すと、Punchdrunkの演劇は「鑑賞スタイル」や「劇場空間」に革命を起こしたことでも知られています。彼らは、舞台と客席が分かれている劇場ではなく、使われなくなった工場やスタジオなどの古い建物全体を使って演劇をします。観客は入り口でベネチアンスタイルの白い仮面を渡され、それを着用してから会場に入ります。仮面をつけることで、他の観客もキャストや舞台の一部であるかのような錯覚を覚えるのです。建物の内部は、廊下が何本にも枝分かれしていてドアや部屋も複数あるなど、一般的な劇場とはだいぶ様子が異なります。また、上演時には中が薄暗くなっていることもあって、客席からすべてを見渡せる劇場とは違い、観客は限られた範囲しか鑑賞することができません。しかし、それこそがPunchdrunkの狙いなのです。このような鑑賞条件のもとで、建物全体で同時並行的に様々な物語が展開されていきます。どの演者のものを観るか、どのストーリーを追うかは、観客の好奇心や自由意志に委ねられています。例えば、男性と女性の演者が現れ別々の方向へと去った場合、観客はどちらのキャストを追ってもよいのです。

Punchdrunkの演劇の面白さは、この「多視点的な鑑賞」「多面的な物語」にあります。男性のキャストについていく場合と、女性のキャストについていく場合では、同じ演劇でありながら全く違う内容の演劇鑑賞になります。自ら選択したひとつの物語だけを楽しむことはもちろん、別の鑑賞方法として観客同士が分かれて観劇し、終演後にそれぞれが観た物語を繋ぎ合わせて、違った視点から物語を楽しむこともできます。観てきた経路や観劇回数、他者との共有によって、無数の解釈やストーリーが生まれる演劇なのです。

<u>**WORKSHOP**</u>

シックスハット
普段と違う役割を演じてみる

異なる視点からの意見を収集する方法にマルタの医師で作家のエドワード・デボノが発案した「シックスハット」[41]と呼ばれるものがあります。ひとりでもできますが、名前の通り全部で6役あるので、6人で行うのが理想です。まず、「白」「赤」「黄」「黒」「緑」「青」と書いた紙をシャッフルし、それをひとり1枚ずつ引いていきます。そして、会議の中で自分が引き当てた色に課された役割をそれぞれが演じるのです。具体的には、以下のようなイメージになります。

白：事実やデータを重視し考える

赤：データの中の感情的な要因を洗い出す
黄：長所やメリット、恩恵などを考える
黒：欠点やデメリット、リスクなどを考える
緑：自由にクリエイティブなアイデアを出す
青：次にすべきことの確認や結論を出す

議論が煮詰まってきた段階で、一度役割をシャッフルしてみるとよいでしょう。きっといつもとは違った気づきが得られると思います。新規のビジネスなど具体的なテーマを設けて実践してみると、マンネリ化しがちな会議が一気にクリエイティブな場へと変わります。

［色ごとの役割］

白：客観・中立的

赤：感情・主観的

黄：積極・楽観的

黒：消極・否定的

緑：創造・革新的

青：俯瞰・管理的

08

磁石

仲間を引きつける

ミュージシャンであり、起業家でもあるデレク・シヴァーズは、社会運動や大きなムーブメントを起こすには、発起人だけではなく最初のフォロワーとなる「2人目」の存在が重要だと説きました。活動を支持するフォロワーが誕生することで、それまで誰にも相手にされなかったひとりの活動家が、"リーダー"に変わるからです。そして今、ビジネスの現場で注目されているのは、フォロワーを増やす仕組みづくりです。多くの人を巻き込むには、共感を呼ぶストーリーが大切です。ターゲットの感情や生活スタイルなどをイメージしながら、彼らの心に響く言葉を使って情報を伝えるスキルが必要となるのです。

KEYWORD
フォロワー
社会運動、ムーブメント
2人目の英雄
共助、共感、応援

最初のフォロワーが "ひとりの変人をリーダーに変える"

評価されるべき2人目の英雄

デレク・シヴァーズは、TED Talksの演説の中で、ある映像を流しました[42]。映像に映っているのは、天気の良い休日の公園でしょうか。突然、ひとりの男性が半裸で踊り出します。何をバカなことをやっているのだろうと、男性の周りにいる人々は無関心です。そこに勇気ある「2人目」が加わると、その様子を見て徐々に彼らの周りに人が集まり始めました。そして、3人、4人と参加者が増えていくと、その賑やかな踊りはひとつのムーブメントへと発展していきます。最初こそ孤独な主張や行動でしたが、5人、6人と集まれば「集団」になります。そして、集団になると笑われるリスクもひとり目立つリスクもなくなるため、迷っていた人たちも参加するようになり、やがて大人数になると今度はこの奇怪な運動の方が「コア集団」となって、乗り遅れまいとする人たちでどんどん参加人数が増えていくのです。これが、社会運動の本質で「着目すべきは、2人目の存在だ」とデレク・シヴァーズは語ります。つまり最初のフォロワーが "ひとりのバカをリーダーに変える" 力をもつのです。

フォロワーが運動を拡大する

2014年にアメリカで始まった、筋萎縮性側索硬化症（ALS）の啓発と研究支援を呼びかける「アイス・バケツ・チャレンジ」というプロジェクトをご存じでしょうか。内容は、「バケツに入った氷水を頭からかぶるか、アメリカALS協会に寄付をする」というものでした。この運動は、FacebookやTwitterなどのソーシャルメディアや、動画共有サイトのYouTubeなどを通して社会現象化し、日本を含む多くの国に広まりました。特にアメリカでは大きな反響を呼び、各界の著名人も積極的にこの運動に参加しました。例えば、FacebookのCEOマーク・ザッカーバーグにより指名された、Microsoft元会長のビル・ゲイツは氷水をかぶる装置を制作し、それを使い氷水をかぶる様子を動画で公開しました。また、20名以上のケネディ一族が一斉に氷水をかぶった際に、その内のひとりであるエセル・ケネディは、次に氷水をかぶる人物として元大統領のバラク・オバマを指名。オバマは氷水をかぶる代わりに寄付することを表明しました。こうした運動の反響により、アメリカALS協会は「アイス・バケツ・

チャレンジ」で1億1500万ドルもの寄付を8週間で集めることができたと発表しました。そして、集まった寄付金で約150の研究プロジェクトを継続した結果、2年間で3種類の原因遺伝子を発見することに成功したと報告しています[43]。未だに治療方法が確立されていないALSですが、今後の研究の進展が期待されます。「バケツに入った氷水を頭からかぶる」という一見するとクレイジーに見える運動が、多くのフォロワーに支持されることで世界規模の運動へと拡大していったのです。

日本には、凡人であっても集まって考えれば、素晴らしい知恵が出るものだと説く「三人寄れば文殊の知恵」という諺があります。これは、新しい企てをするとき、ひとりではなく仲間が協力し合うことの重要性を後世に伝えたものでもあります。ビジネスの世界では、起業家やイノベーターにスポットライトが当てられがちですが、忘れてはならないのが無謀な挑戦をする起業家やイノベーターの"最初のフォロワー"となった2人目、3人目の英雄です。そして、最初のフォロワーだけではなく、多くのフォロワーがいかに参画しやすい仕組みをつくるかが、現代において大きなキーワードのひとつになってくるでしょう。「令和」の語の引用元として話題になった日本最古の和歌集『万葉集』の中に収められている、「梅花の歌三十二首の序文」の作者、大伴旅人もフォロワーを巻き込むのに長けていたそうです。彼が企画したという歌人を集めて詠んだ歌を披講する「歌会」は、当時の権力者である貴族や官人を数多く招き、後の連歌の礎にもなりました。

冒頭のデレク・シヴァーズが流した踊りの映像のように"単に面白そうだから"という理由で人が集まることもありますが、SNSを活用した「アイス・バケツ・チャレンジ」のように、多くの人がその運動の"明確なビジョンに賛同して"フォロワーになり、そこから広まっていくパターンもあります。SNSなどを通して情報が拡散されやすい現代だからこそ、どうやって活動を広めていくのがベストかを、発起人となる人がきちんと考えておくことが成功への近道となるのです。

EP.1　　リナックス
ひとりの学生がつくった、無料のOS

今、私が原稿を書いているPCは、OS（オペレーションシステム）によって稼働しています。OSとはPC全体のオペレーション、つまり機器の基本的な管理や制御などを行うソフトウェアのひとつです。MicrosoftであればWindows、AppleであればMac OSのことを指します。Microsoftの元会長であるビル・ゲイツが世界一の富豪になれたのは、このWindows OSを世界中のコンピューターに"有料で"搭載することができたからです。

当時フィンランドにあるヘルシンキ大学の学生だったリーナス・トーバルズが、1991年にインターネットのメッセージシステムに「僕は（無料の）OSを手がけるつもりだ」と書き込んで始めた、Linux（以下、リナックスと表記）[44]というプロジェクトがあります。リナックスとは、利用者の目的を問わずソースコードを使用、調査、再利用、修正、拡張、再配布できる、"無料の"オープンソースのことです。世界で最も普及しているOSといわれ、現在2500万ソースコードをゆうに上まわるとされています。驚く人も多いかもしれませんが、私たちは毎日のようにリナックスを使っています。それは、ほぼすべてのAndroidやタブレット、iPhoneやMac、Windowsマシンにも、リナックスのオープンソースが使われ

ているからです。また、Facebook、Google、Wikipediaなどのインターネットサービスもリナックスのソースを利用して開発されています。リナックスはなぜ、これほどの規模にまで拡大していったのでしょうか。それは、無料のOSの存在を面白がった世界中のエンジニアたちが有志の開発者となって"無償"でソースコードのメンテナンスを実施し、拡大していったからです。彼らが対価を求めることなく次々と参加していったのは、OSとは「無料であるべきだ」という理想（ビジョン）が共有されたからなのでしょう。

Linuxのマスコット「Tux」

YT01 EP.2
未来の農業従事者を惹きつけるトラクター

機械メーカー大手のヤンマーと、工業デザイナーの奥山清行さんがタッグを組んで開発を行った、コンセプトトラクターをご存知でしょうか。2013年の東京モーターショーにも出展され、大きな話題となった「YT01」というモデルです。奥山さんは、YT01のデザインを考えるにあたって「日本の農業を変え、新しい農業をつくり出す」という重要なメッセージをデザインに込めたと、著書『ビジネスの武器としての「デザイン」』（祥伝社）の中で語っています。現在、日本の農業が直面しているのが専業農家の高齢化と、若い農業従事者がなかなか参入してこないという問題です。農林水産省のデータによると、2019年時点で農業従事者のうち65歳以上の割合が7割を超えている[45]といいます。

言葉をあえて選ばずにいうなら、業界を変え新しいものをつくり出すのは、よそ者、若者、ばか者、のいずれかだといわれています。そして、コンセプトトラクターを開発する上で、奥山さんがターゲットに据えたのも、よそ者である「転職組」でした。奥山さんは、このコンセプトトラクターの開発をきっかけに「農業に新しい人たちを迎え入れる流れ」を生み出すことはできないかと考えたのです。しかし、転職には家族の協力が必要です。独身組

コンセプトトラクター「YT01」、ヤンマー

であればまだしも、ある日突然、一家の主が会社を辞めて農業を始めるといったら、家族はきっと猛反対するでしょう。家族の賛同を得るには子どもが鍵を握っているのではないかと考えた奥山さんは、「あのトラクターかっこいい。あれに乗ってお父さん仕事するの？農業やりなよ！」と子どもが後押ししてくれれば、奥さんの気持ちも傾くかもしれないと思ったそうです[46]。そして、子どもにかっこいいといわれるトラクターをつくって、異業種からの新規参入者を増やすことを目的にYT01の開発をスタートさせました。通常であれば、トラクターの性能やドライバーの使いやすさからデザインを考えることが多いものですが、奥山さんは実際に使う人の背景や気持ちにフォーカスして、次世代の農業従事者を惹きつけるコンセプトトラクターのデザインを提案したのです。

EP.3   クラウドファンディング
企画者とファン・資金を繋ぐサービス

誰かを応援するプラットフォーム

フォロワーが挑戦する人を応援し、挑戦者が資金を集める仕組みにクラウドファンディングがあります。米国のKickstarter（キックスターター）やINDIEGOGO（インディーゴーゴー）を始め、日本でもCAMPFIRE（キャンプファイヤー）やREADYFOR（レディーフォー）といった様々なプラットフォームが登場しています。スキームも多様化していて、金銭的な見返りの有無や、実現した際のお礼などを挑戦者が自由に設定することができます。クラウドファンディングは、まさにファーストペンギンであるイノベーターや企画者がファンと繋がり、プロジェクトに必要な資金を集めることができる仕組みとして、日本でも定着しつつあります。

その一例として、日本の名刀で知られる「石切丸（いしきりまる）」の奉納を応援するプロジェクトがありました。2700年近く前に創建され、日本の神話にも登場する場所として社家にも語り継がれてきた石切劔箭神社（いしきりつるぎや）は、日本の重要美術品にも認定される「石切丸」という名刀を所蔵しています。石切丸は、1159年に起きた平治の乱の顛末を描いた軍記物語である『平治物語』にも、源義平が同名の太刀を身につけていたと記されているなど、歴史的にも重要な意味をもつ刀です。その文化的な価値の高さから、石切丸そのものを奉納するのではなく、「令和への改元奉祝として新たに作刀当時の石切丸を復元し、その刀を奉納したい」という神社の願いを、クラウドファンディングを使って応援するプロジェクトが立ち上がりました。作刀には、刀匠として最も権威のある「正宗賞」や、平成の「名工大賞」を受賞している、刀匠の河内國平（かわちくにひら）さんが選ばれました。プロジェクトには、7,980人のパトロンがつき、目標金額の1,000万円を大幅に上回る、約8,000万円の資金を集めることに成功したのです[47]。

ファンをつくり手として巻き込む

クラウドファンディングのひな形は、17世紀に書籍の印刷代を募るために使われた寄付モデルだといわれています。その当時は、本を1冊出版するだけでも、それなりの規模の資金が必要でした。寄付者へのお礼は、標題紙などに寄付者の名前を記載することだったようです。現在でも書籍の出版費用をクラウドファンディングで募る人が多くいます。絵本作家でお笑い芸人でもある西野亮廣さんは、この仕組みを単なる絵本制作の資金調達としてではなく、"ファンがつくり手になる仕組み"

として活用しています。

クラウドファンディングというと、たかだか数万〜数千万円ぐらいの規模を想定するかもしれませんが、海外に目を向けてみると、世界中のファンを惹きつけ、合計2億6,000万ドル以上（約280億円）の資金を集め続けているプロジェクトもあります。ゲーム会社Cloud Imperium Games（クラウド・インペリウム・ゲームズ）によって開発・発売されるオンライン宇宙探索ゲーム「Star Citizen（スター・シティズン）」です。壮大な宇宙をテーマにした本作は、様々な世界や戦略を楽しむことができるマルチプレイヤーオンラインゲームで、戦闘はもちろんのこと、鉱石の採掘や商取引、密輸や海賊行為、軍へ参加して武勲を立てることもできます。そして、Star Citizenの一番の魅力は、プレイヤーの行動がゲームの物語に影響を与えることです。舞台となる「宇宙」での対立構造も参加するプレイヤー全員の手によってつくられ、そこでの経済活動もプレイヤーにすべて委ねられます。こうした本物さながらの世界観の中で、ゲームの構築そのものに参加することができるという面白さが、今もなおゲーム開発にかかる膨大な支援が世界中から集まり続けている理由なのでしょう。

新しい共助・共感の仕組み

また、クラウドファンディングには、共助や共感をつくる仕組みとしての側面もあります。「共助」の存在は、新たな挑戦を後押しする社会インフラとしても重要な役割をもちます。俳優の斎藤工さんが賛同したことで有名になった、「ミニシアター・エイド（Mini-Theater AID）基金」もその一例です。コロナウイルスの感染拡大防止を目的として2020年4月に発令された緊急事態宣言によって、日本全国のミニシアターは閉館の危機に追い込まれました。「ミニシアター・エイド基金」はこの危機的な状況を乗り越えるために、映画監督の深田晃司さん・濱口竜介さんが有志で立ち上げたプロジェクトです。「ミニシアターを守りたい」という人々の声を集めて資金に換えることで、地域の映画館とその文化を守る仕組みをつくったのです。こうしたクラウドファンディングを活用した共感のつくり方やフォロワーの集め方は、今後のビジネスの現場においても参考になることが多そうです。

WORKSHOP

ゴールデンサークル

人は「何を」ではなく「なぜ」に動かされる

TED Talksで5,000万回以上も再生された動画に、サイモン・シネックの『How great leaders inspire action(優れたリーダーはどうやって行動を促すか)』があります。数々の企業、非営利団体に対してWHYの重要性を伝授してきたコンサルタントのサイモン・シネックは、「人々は、"何を(What)"ではなく"なぜ(Why)"に動かされる」と説いています。その理由は、「なぜ?」を処理する脳の部位が、大脳辺縁系という動物的な感情を司る場所にあるため、脳の構造上「何を?」より「なぜ?」の感情を重視してしまう傾向があるからだといいます。

彼は、演説の中で次のような疑問を投げかけました。「なぜ、Appleは、他社と同じような人材を同じように集め、同じような代理店やコンサルタント、メディアを使っているのに、他の会社と違うように見えるのか?」「なぜ、市民権運動以前のアメリカで、黒人差別に苦しんでいたのは彼だけではないはずなのに、マーティン・ルーサー・キングだけが、市民権運動を指導できたのか?」「なぜ、より資金や人材を揃えた他グループではなく、ライト兄弟が有人動力飛行を実現できたのか?」。これらの問いに共通することは、「何を?」ではなく「なぜ?」にフォーカスしている点です。アフリカ系アメリカ人公民権運動の指導者として知られるマーティン・ルーサー・キングは、演説で「I have a plan(私にはプランがある)」ではなく、「I have a dream(私には夢がある)」と「なぜ?」を語りました。それこそが多くの人の心を動かすことができた要因だったのではないかと、サイモン・シネックは考えているのです。

Appleが1997年に公開した有名なCMに、「Think different」があります。アルベルト・アインシュタイン、ボブ・ディラン、マーティン・ルーサー・キング、ジョン・レノン、トーマス・エジソン、モハメド・アリ、マリア・カラス、マハトマ・ガンディー、アルフレッド・ヒッチコック、フランク・ロイド・ライト、パブロ・ピカソ、などの名だたる著名人が登場したこのCMでは、Appleが販売しているPCについては一切触れられていません。その代わりに映像とともに次のようなメッセージが入ります。

「クレイジーな人たちがいる。反逆者、厄介者と呼ばれる人たち。四角い穴に、丸い杭を打ちこむように物事をまるで違う目で見る人たち。彼らは規則を嫌う。彼らは現状を肯定しない。彼らの言葉に心を打たれる人がいる。反対する人も、賞賛する人も、けなす人もいる。しかし、彼らを無視することは誰にも出来ない。なぜなら、彼らは物事を変えたからだ。彼らは人間を前進させた。彼らはクレイジーといわれるが、私たちは彼らを天

［サイモン・シネックが提唱する
　ゴールデンサークル］

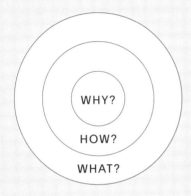

才だと思う。自分が世界を変えられると本気で信じる人たちこそが、本当に世界を変えているのだから」

Apple は商品である PC の性能（What）についてではなく、彼らの目的（Why）を伝えているのです。サイモン・シネックは、「なぜ？」「どうやるか？」「何を？」の3つの円で構成された「ゴールデンサークル」と呼ばれるフレームワークの活用を提唱しています。これは、企画しているプロジェクトやサービスを円の中心から外側に向かって、「なぜするのか？（ビジョンや理念など）」「どうやるのか？（手段や方法など）」「何をつくるのか？（サービスやプロダクトなど）」の順番で構想してみるというものです。多くの企業は、「このような製品をつくりました。こういうことができます」というように、「何を？」「どのように？」の順で考え、「なぜ？」を伝えていないといいます。「なぜ？」から順に構想することで、企画者本人や制作チームをモチベートするだけでなく、他者からの共感も得られやすくなるのだとサイモンは語ります。

人にものやサービスの良さを伝えるプロといえば、テレビ通信販売で知られるジャパネットたかたの創業者、髙田明さんです。実は髙田さんも製品を紹介・販売するにあたって、「機能（What）」ではなく「なぜ（Why）」を伝えることの重要性を説いています。例えば、テレビショッピングで電子辞書を紹介・販売する場合、ジャパネットたかたでは、その電子辞書に何文字搭載しているかなどの機能については語らないそうです。その代わりに、"この電子辞書を買ったら、子どもの人生はどうなるか"を語るといいます。「これからのグローバルの時代で活躍するために、電子辞書で覚えた単語で話しかけてきたら、驚いてほめてあげてください。そうすれば、きっと英語が好きになり、その子の人生が変わりますよ」[48]と伝えるのだと髙田さんは話します。その理由は、電子辞書自体の機能や必要性は時代とともに変わってしまうけれども、人を惹きつける言葉や購買者の潜在的な欲求というのは、時代を経ても大きく変わらないものだからです。

楽しくなければ仕事じゃない!

遊びを取り入れよう!❷

遊び心を忘れない鉄工所

従来の鉄工所のイメージを一新し、「遊ぶ鉄工所」と呼ばれる企業があります。京都府宇治市に本社を構える HILLTOP(ヒルトップ)です。HILLTOP は、名だたる企業をクライアントにもち、「楽しくなければ仕事じゃない」という独自の哲学から "儲かりそうか" より "楽しそうか" を主軸にした経営を行っています。元々は自動車部品の製造が売上の8割を占めていたそうですが、そこからエンジニアの発想力が試される「単品もの」の製造に切り替えて事業内容を大きく変えることで、関わる人たちがワクワクできる環境を用意してきました。さらに、HILLTOP では、「鉄工所に芸術家やデザイナーがいてもいい」「これからの鉄工所には感性が必要」という考えのもと、社内に『Foo's Lab(フーズラボ)』というクリエイティブ・スペースを設置しています。アイデアを形にするためのデジタルファブリケーションツールを完備したラボは、企業のクリエイティビティーを存分に発揮する場として活用されています。HILLTOP は、この「遊び心」や「感性」を重視する姿勢で様々なプロジェクトやプロダクトを生み出してきました。例えば、アート作品のように彎曲したラインを描く「ヘリックス」や、足

クリエイティブ・スペース「Foo's Lab(フーズラボ)」、HILL TOP

の指を1mmという細かさで切削した「カエル」など、見たことがない不思議なデザインのオブジェを多数製作しています。多くの人はこれらの話を聞くと、「遊ぶ鉄工所」に魅力を感じると同時に経営的には成り立つのだろうか？ と疑問が湧くと思います。そうした心配をよそに、一般的な鉄工所の利益率は5%程度といわれている中で、HILLTOP は業界平均を上回る利益率を実現し、売上も右肩上がりに伸びているのだそうです。

"面白そう"が斬新なアイデアを生む

ニューヨーク近代美術館のデザインストア、パレスホテル東京などでも目にする、曲がる器「KAGO シリーズ」は、富山県高岡市に本社を構える創業1916年の鋳物メーカー、能作が開発した錫製の器です。高級食器にもよく使われる錫は、錆びにくく、色の変化や金属臭が少なく、抗菌性も優れていることから重宝されてきたのですが、錫そのものは100%ではなく、合金にして使うのが常識でした。錫は柔らかい素材のため、そのまま使用すると食器が簡単に変形してしまうからです。その性質を逆手に取った能作は、それが"面白い"のではないかというデザイナーの小泉誠さんの意見を取り入れ、あえて錫100%の食器を開発しました。こうして誕生した「KAGO シリーズ」は、三ツ星レストランでも活用されるほどの大ヒット商品になりました。社長の能作克治さんは、著書『社員15倍！ 見学者300倍！ 踊る町工場 伝統産業とひとをつなぐ「能作」の秘密』（ダイヤモ

曲がる器「KAGO（かご）」
シリーズ、能作

ンド社）の中で経営について次のようにコメントしています。

「僕は『楽しく仕事をしていれば、お金は後からついてくる』と考えているんです。楽しくない仕事なら、やらないほうがいい。おかげさまで能作は順調に売上が伸びていますが、その理由を極論すれば、特に計画を立てず、楽しいと思うこと、やりたいと思ったことだけをやってきたから」[49]

「社員に与えるべきは、ノルマではなく『楽しさ』です」[50]

能作さんが社長に就任してからの業績は、社員数15倍、売上も10倍に成長しています。「楽しさ」を重視する姿勢は、新しい挑戦をやめることなく成長を続けるという、HILLTOP と能作に共通するポイントです。

09

マッチ

異なる才能を掛け合わせる

世の中に強いインパクトを与える商品やサービスを
生み出すには、社内外を問わず、異なる才能や技
術を掛け合わせることが大切です。摩擦によってマッ
チに火がつくように、創造の過程において、仲間
との激しいぶつかり合いは必要不可欠です。多様
なバックグラウンドをもつ人たちが集まり、互いに
率直な意見を伝え合うことで、アイデアがブラッシュ
アップされ、「価値」あるものが生み出されるのです。
スティーブ・ジョブズが、自分とは真逆の性格でチー
ムプレイに長けたティム・クックを右腕としていたの
も、壁打ち相手を必要としていたからなのかもしれ
ません。

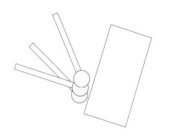

KEYWORD
スパーリングパートナー
仲間、チーム
オープンイノベーション
異なる才能

社内外を問わず「最高の人材」でつくる

スパーリングパートナーとなる仲間

マリリン・モンローやキャンベルスープなどをモチーフにした作品で知られる、アンディ・ウォーホルと、彼に見出され有名になった画家、ジャン・ミシェル・バスキアが、1985年にトニー・シャフラジ画廊で開催した合作の絵画展があります。そのときに作成されたポスターのデザインは「ボクシング」をモチーフにしたものでした[51]。ボクシングの練習には、「スパーリングパートナー」（スパーリングとは、格闘技における実戦形式に近い形で行う練習のこと）と呼ばれる壁打ち相手がいます。ウォーホルとバスキアによる絵画展のポスターが拳を交える2人の構図で描かれていたのも、もしかしたら、新しい価値を創造し合う「スパーリングパートナー」としての意味が隠されていたのかもしれません。ビジネスや創造の現場においても、壁打ち相手となってくれる「スパーリングパートナー」の存在は必要不可欠です。スティーブ・ジョブズも、情熱をもって働くチームのありかたを石磨きに喩えています。

「芝刈りのバイトをしていたとき、裏庭の石を集めて缶に入れるように頼まれた。何かの液体と砂粒を加えてモーターを動かすと、缶は激しく音を立てていたよ。缶に入れたときはありふれた石だったのに、翌日、開けてみると驚くほど美しく磨かれた石が出てきたんだ。石が擦れ合うと騒音はあるけれども、摩擦によって美しく磨き上がる。私にとっては、この体験こそが情熱をもって働くチームの象徴なんだ」[52]

良いチームをつくることや仲間との関わり合いが、創造においていかに大切かを教えてくれるエピソードです。異なる才能やバックグラウンドをもつ者同士が"激しくぶつかり合う"とき、議論は白熱して、ときに火花を散らすこともあります。しかし、その過程を経ることでより良いアイデアへとブラッシュアップされるのです。

ビジネスを興すにあたって、「最高のビジネスモデルと、最高の人材（仲間）のどちらがより重要か？」という有名な問いがあります。この問いに対してDeNAの創業者、南場智子さんは、「最高の人材」だと答えています[53]。ビジネスモデルそのものは、時

代の流れと共に陳腐化して継続困難になってしまいますが、最高の人材がいれば時代に合わせてビジネスモデルをつくり直すことができるからです。

社外の人材やリソースに目を向ける

近頃は、「オープンイノベーション」という言葉が使われるようになりました。これは、自社のリソースだけでなく、社外のアイデアや人材、知識などを積極的に取り入れて展開しようとするイノベーションモデルを指します。時代の変化が加速する中で、AIやブロックチェーン、IoT などの次々と誕生する最新トピックを社内のリソースだけで賄うことは難しくなってきました。こうした社会的背景がある中で世間を驚かせたのが、2018年のトヨタ自動車とソフトバンクの戦略的事業提携のニュースです。現在、自動車業界は100年に一度の大改革ともいわれ、単に自動車を製造するだけでなく、ITやインターネットを使ったサービスといかに連結させていくかが大きな命題となっています。新規ビジネスを立ち上げる際に必要となる人材は、会社の従業員に限定する必要はありません。このトヨタ自動車とソフトバンクの事業提携のように、世界中のありとあらゆるアイデアや人材、知識を集めることが、今後の新たなビジネスを展開する上では、外せないものとなっていくでしょう。

<u>EP.1</u>   **ピクサー**

心に刺さる映画をつくるための名物会議

正直で率直なフィードバックが道を照らす

数々の名作映画を生み出してきたアニメーションスタジオ、PIXAR（以下、ピクサーと表記）は、制作時に創造性を発揮させる仕組みとして、「ブレイントラスト」と呼ばれる会議を設けているそうです。ブレイントラストとは、進行中の映画作品をより良いものに仕上げるために役職関係なくチーム横断で行われる、「正直に率直な意見をぶつけ合う場」のことです。制作の過程で正直な感想を伝え合うことは、名作を生み出すために必要不可欠なやり取りですが、これほど実行が難しいものは他にないかもしれません。自分に置き換えて考えた場合、あなたは上司や同僚に"正直"で"率直"な意見をぶつけることができるでしょうか？　火花が飛び散る、激しいぶつかり合いの場になることが容易に想像できると思います。

『ピクサー流 創造するちから 小さな可能性から、大きな価値を生み出す方法』（著：エド・キャットムル、エイミー・ワラス　訳：石原薫、ダイヤモンド社）によると、ブレイントラスト会議を初めて体験した人が真っ先に驚くのは、参加者たちの声の大きさだそうです。興奮のあまり人の話にかぶせるように話す人が多いため、異常なまでに会議全体の声のボリュームが大きくなるのだといいます。そこまでして、なぜピクサーはブレイントラストを開催するのでしょうか。ピクサーの共同創業者であるエド・キャットムルは、次のように語っています。

「本音を語るのは難しいことだが、創造性を求められる会社では、それがいいものをつくる唯一の方法だ……。なぜなら、どの映画も、つくり始めは目もあてられないほどの"駄作"だからだ」[54]

どんなに優秀で明瞭な視野をもつ映画監督であっても、長期間におよぶ映画制作の過程では道に迷うことがあります。そんなときに、監督経験者やプロデューサー、脚本家、ストーリー責任者、絵コンテ制作者などの専門家から、愛やリスペクトに溢れる"正直"で"率直"なフィードバックを得ることができれば、それが大きな気づきとなるのです。この異常なまでに大音量で行われるブレイントラストは、ピクサーの作品づくりにおいて要の場となっているのです。

小さな違和感も徹底して話し合う

ブレイントラストでは、一体どのような話し

合いをしているのでしょうか？　少女の頭の中を舞台に「喜び」「悲しみ」「怒り」「嫌悪」「恐れ」の5つの感情が登場するピクサーの大ヒット映画『インサイド・ヘッド』（監督：ピート・ドクター、ロニー・デル・カルメン）でも、シーンの描き方について様々な議論があったといいます。この映画のメインテーマは「感情」と「記憶」で、作中ではそれぞれのキャラクターが「なぜ薄れる記憶と、輝き続ける記憶があるのか？」を言い争うシーンがあります。このシーンについても、ブレイントラストでは、「鑑賞者を共感させるには"弱い"のではないか？」という率直な意見が出てきたそうです。また、少女の「感情」のひとつで、主人公でもあるヨロコビが、無意識から感情の司令塔に帰るというストーリーの核の部分に対しても、ストーリー展開に違和感があるとして、ディズニーのクリエイターたちを交えた話し合いの場が設けられたそうです。そして、違和感を話し合う中で、主人公のヨロコビが「自分こそ（感情の司令塔に）戻らなくてはいけない」と闘う姿が自己中心的に見えるという意見が出たことから、ヨロコビが自ら戻るのは違うのではないか？　との仮説が立てられました。それらの意見をもとにして最終的には「人が喜びを感じるのは、哀しみや怒りを感じたときではないか」、つまり「ヨロコビは別の感情の存在によって呼び起こされる感情なのではないか？」という気づきを得て、実際の制作が進められたといいます。このように、ピクサーはちょっとした「違和感」に対しても、忖度を抜きにして全員で徹底的に議論することで、物語の核心部分まで踏み込んだ深みのある作品づくりを実現しているのです。

映画制作に限らず、創造の道は長く険しいものです。その過程において、ちょっとした「違和感」に気づかせてくれる仲間がいることも、多様なメンバーで共創する大きなメリットのひとつといえます。ブレイントラストのように、役職や役割に関わらず"正直"で"率直"な意見をぶつけ合って、誰でも「違和感」を臆せずに話せるような機会や雰囲気を意図的につくってみてはいかがでしょうか。創造的なものづくりを目指す企業やチームにとって、これほど効果的な方法はないと思います。

EP.2   スケッチトラベル
世界をリレーした1冊のスケッチブック

映画『トイ・ストーリー3』（監督：リー・アンクリッチ）のアート・ディレクターを務めた堤大介さんは、Room to Read というNGO団体へのチャリティを目的に、世界中の著名なアーティストに無報酬でスケッチブックに1枚の絵を描いてもらう「スケッチトラベル」[55] というプロジェクトを立ち上げて展開してきました。このプロジェクトは、元々、堤さんが友人と「トップアーティストが1ページごとに作品を埋めていけば、素晴らしい本になるのではないか」と仮説を立てたところから始まったものだそうです。

この試みに賛同し、スケッチブックに1枚の絵を提供してくれたのは、『モンスターズ・インク』（監督：ピート・ドクターら）のイラストを手掛けたカーター・グッドリッチ、『ロード・オブ・ザ・リング』（監督：ピーター・ジャクソン）のコンセプトデザインを担当したジョン・ハウ、『美女と野獣』（監督：ゲイリー・トルースデール、カーク・ワイズ）のアニメーションを担当したグレン・キーン、といった一流のアーティストたちでした。こうした錚々たる顔ぶれが参加してくれた背景には、「スケッチトラベル」が、聖火リレーのように直接手渡しでバトンをつなぐプロジェクトであったことが影響しています。アーティスト同士のリアルな出会いも、この創作活動を触発していたのです。構想から4年半をかけ、世界12か国にいる71名のアーティストたちの手を渡ってきた1冊のスケッチブック。その最後を飾ったのは、スタジオジブリの宮崎駿監督でした。堤さんは、企画当初から宮崎監督以外のオオトリは考えられなかったそうです。

彼が宮崎監督のところへ「スケッチトラベル」の最後を締める絵をお願いしにいく模様は、『スケッチトラベル 〜「トイ・ストーリー3」を作った男が生んだもう一つのストーリー』というドキュメンタリーに記録されています。宮崎監督は、新作映画などで追い詰められていた状況にも関わらず、後に公開された映画『風立ちぬ』を彷彿とさせる、大きな飛行機と草原に佇むひとりの少年の絵を描いてくれました。もしも1枚の画用紙を持っていき、チャリティだからという理由でお願いしたとしたら、あれほどの絵を描いてくれたでしょうか。宮崎監督を突き動かしたのは、1冊のスケッチブックに残された参加アーティストたちによるバトンの軌跡であったに違いありません。その軌跡に感化されたからこそ、忙しい合間を縫ってオオトリにふさわしい絵を提供してくれたのです。

INDUSTRIAL JP EP.3
町工場と若手クリエイターの異色のコラボ

伝説的なミュージシャンといわれているエルトン・ジョンは、有名になる前、作詞家のバーニー・トーピンとひとつのアパートで暮らしていました。エルトン・ジョンは天才的な作曲能力をもち、メロディーをつくるのが得意でしたが、作詞はそこまで得意ではなかったといいます。ジョンの半生を描いた映画『ロケットマン』（監督：デクスター・フレッチャー）の中にも、バーニーが作詞してアパートの1階にいるジョンに渡し、ジョンがそれに曲をつけるシーンがあります。1970年にリリースされた『YOUR SONG』も、こうして生み出された曲で、大ヒットとなりました。

日本でも、異色のコラボレーションで「新しい音楽」をつくる取り組みがあります。町工場の3代目社長である由紀精密の大坪正人さんが始めた、「INDUSTRIAL JP（工場音楽レーベル）」と呼ばれる町工場をレーベル化して発信するプロジェクトです。1950年から精密部品をつくる町工場の社長をしていた大坪さんは、若い人を採用することが厳しい現状を変えるために、なにか若い世代の人たちがワクワクしてくれるようなものをつくれないかと考えていたそうです。その思いを大学の友人で電通に勤めている倉成英俊さんに何気なく話したところ、町工場をレーベル化するとい

「INDUSTRIAL JP: 工場音楽レーベル」告知動画より

う斬新なアイデアが生まれたといいます。倉成さんの尽力もあって、若手クリエイターや電通クリエーティブX、DELTRO（デルトロ）などの企業がプロジェクトに参加し、日本各地の町工場で今なお使われているアナログな工作機械が響かせる音や美しく緻密な製造過程の映像をサンプリング・編集、楽曲化していきました。INDUSTRIAL JPの公式サイトでは、天皇陛下が視察に訪れたこともある町工場のばね製造時に発生する複雑な音と映像をリミックスした『小松ばね工業×DJ TASAKA』や、アナログレコードのプレス工程で、塩化ビニールの黒い塊が高熱のスタンパーで押し潰される音から生まれた『東洋化成×DJ NOBU』などの作品を視聴することができます[56]。町工場と若手クリエイターの異色のコラボレーションによって生まれた「新しい音楽」は、若い人たちだけでなく世界に向けて、町工場の高い技術力や工作機械の美しさを発信するものになったのです。

WORKSHOP

ロールプレイング

「あの人ならどうするだろう?」と想像する

何かに悩んだとき、壁にぶつかったときに、「あの人なら、どうするだろうか?」「〇〇さんなら、どう考えるだろうか?」と、自分が尊敬する偉人や先輩、もしくは全く別の人になりきって、その人の考えや行動を想像することを「ロールプレイング」と呼びます。ロールプレイングは会社の営業研修などでもよく使われる手法で、役割や役職を研修者同士で演じる疑似体験を通して、より実践的な作法や困ったときの対処法などを学ぶことができます。

少し話が逸れますが、スタジオジブリの映画音楽を担当してきた作曲家の久石譲さんは、スタジオジブリの設立者で映画監督でもあった高畑勲さんとのお別れ会で、次のような弔辞を述べました。

「高畑さんとは、『風の谷のナウシカ』のときにお会いしました。(中略) ラピュタでは、主題歌を作るとき、宮崎さんから頂いた詩がありました。ただ、少し文字が足りませんでした。それで高畑さんと2人で、メロディーにはめていく作業を何日も何日もしていました。なので、世界中の人が謳ってくれている『君をのせて』という主題歌。宮崎さんと、私、また高畑さんがいなければ、生まれていなかったのです。色々、仕事とかで悩むとき。宮崎さんだったらどうするんだろう?　鈴木さんだったらどうするかな?　養老孟司先生だっ

たらどうするんだろうか?　と。そして、最後にやはり、高畑さんだったらどうするだろうと考えます……なので私の中では高畑さんは生き続けているのです」[57]

何かを創造する過程では、誰かと熱い議論を交わし、ときに激しくぶつかり合うことも大切ですが、共創できないようなときにも、「〇〇さんなら、どうするだろうか?」を想像し、その人の意見や考え方と自分の考えを擦り合わせることで、アイデアをブラッシュアップすることができるのです。

マリリン・モンローの代表作『お熱いのがお好き』の監督でも知られる、ビリー・ワイルダーも手が止まると壁に貼った1枚の紙に目を向けていたそうです。その紙には、「ルビッチならどうする?」(名監督のエルンスト・ルビッチのこと) と書かれていたといいます。何かにつまずいたときには、目標にしている人や、自分とは全く違う見方・考え方をする人を思い浮かべて、「あの人ならどうするだろうか?」とその人になりきって考えてみると、違った切り口からの斬新なアイデアが浮かぶかもしれません。

10

地図

顧客の視点に立つ

世界有数のベンチャーキャピタル、Y Combinator
の創業者、ポール・グレハムは、「顧客について深
く理解すること、共感すること。そして、彼らのニー
ズや課題に誰よりも詳しくなること。そのことがビジ
ネス創出における、もっとも重要なエッセンスである」
と語りました。顧客の見ている世界や、直面してい
る課題は千差万別で、顧客自身も真のニーズに気
づいているわけではありません。アメリカの地図（道
に名前がついている）と日本の地図（区画に名前
がついている）が真逆の記し方でつくられているよ
うに、地図の読み方ひとつをとっても、使い手の文
化的背景や常識によって変わるのです。

KEYWORD
顧客（ペルソナ）の心理
カルチャーリサーチ
エクストリームユーザー

顧客の見ている景色を想像する

見ている「世界」はみんな違う

ドイツの生物学者、ヤーコプ・フォン・ユクスキュルは、「環世界」という概念を提唱しました。これは、「すべての生物は種特有の知覚を持ち、その知覚世界の中で生きている。そのため、すべての生物にとって世界は客観的に存在するのではなく、個々の生物が主体的に構築する世界がある」[58]という考え方です。ユクスキュルの著書『生物から見た世界』（岩波書店）によれば、ダニの一種で吸血する習性をもつマダニは、木の上で哺乳類などの動物が接近するのをひたすら待っています。マダニは視覚や聴覚をもたず、代わりに嗅覚によって獲物を感知しているといいます。そして、哺乳類の発する酪酸の匂いや体温を感じ取ると木から落下し、運よく哺乳類などの上に着地すると吸血を始めるそうです。ユクスキュルは、マダニはきっと木に棲んでいることを意識してはいないし、どのくらい待ち続けたかなどという時間的感覚ももち合わせていないと語ります。マダニにとっての「世界」とは、匂いと温度、接触した感触などの少ない要素だけで形づくられているものだというのです。

生き物ごとに主体的な世界があるという考え方は、一見ビジネスと遠い話に思われるかもしれません。しかし、「環世界」の考え方は感覚器官が異なる生物間だけではなく、同種における個体間にも当てはまります。つまり私たち人間であれば、その人のバックグラウンドや専門知識によって個人の見ている「世界」も変わりうるのです。例えば、天文学者が見る夜空と私たちが見る夜空では着眼点が異なるため、全く別ものかもしれないのです。

新しいサービスやプロダクトを届けるとき、対象である顧客の見ている「世界」も1人ひとり異なります。当然そこから生まれるニーズや課題も千差万別であるため、顧客を「20代独身女性」「30代男性会社員」といった画一的な枠組みで捉えようとするのは危険です。まずは顧客を深く観察し、彼らの見ている「世界」を想像することがヒットするサービスや商品を生み出す近道となります。展開しようとするビジネスの「本当の顧客とは誰なのか？」そして、「彼らが本当に望んでいることや、課題に思っ

ていることは何なのか？」を、顧客の視点に立って想像することが大切です。シリコンバレーの発展を支えてきた Y Combinator の創業者であるポール・グレハムは、イノベーターに対して「顧客の欲しがるものをつくれ」とアドバイスした上で、「顧客について誰よりも深く理解すること、共感すること、そして彼らのニーズや課題に誰よりも詳しくなることが、ビジネス創出におけるもっとも重要なエッセンスである」[59]と説いています。

顧客が答えを知っているわけではない

古典落語に「蒟蒻問答」という演目があります。とある蒟蒻屋の主人が住職不在の寺を乗っ取り、名僧侶になりすますという物語です。簡単にあらすじを書くと、主人が名僧侶に扮している中、ある日その寺に「越前・永平寺の沙弥托善」と名乗る旅僧が訪ねてきて、この寺の和尚様と問答をしたいと願い出ます。問答などしたことのない蒟蒻屋の主人は、目や耳も聞こえず何も言い返さないという作戦に出ます。すると旅僧はそれを無言の行だと勝手に勘違いし、身振り手振りで問いかけます。主人は何も分からない中で、ときにミステリアスな動きをしていくのですが、旅僧は勝手にそこから深い意味を見出して、最終的には「参りました！」と言ってひれ伏し、大満足で帰路に就くというお話です。

ビジネスでも「蒟蒻問答」のように勝手に解釈して、本当は存在しない課題を解決しようとしてしまうことがあります。顧客の行動を観察する定点観測やアンケート、インタビューなどは有効な手段ですが、時間をかけた割には求めていたような結果が得られないことも多々あるのです。その理由は、調査対象である顧客自身も抱える本当の課題や欲求について理解しているわけではないからです。アンケート調査の結果だけを信じてしまうと、「蒟蒻問答」に陥りかねません。単に顧客の言動を調査するだけでなく、相手の文化的背景を調べて根本の原因を探っていく「カルチャーリサーチ」を通して、彼らが抱える本当の課題や潜在的な欲求を読み解くことで、真のニーズに応えることができるのです。

<u>EP.1</u>   **ヒューストン国際空港**

観察することから始めたクレーム対策

米国にあるジョージ・ブッシュ・インターコンチネンタル・ヒューストン国際空港は、あるひとつの課題に悩まされていました。「手荷物引渡所の待ち時間がとにかく長い」という顧客からのクレームです。空路の整備も整っている昨今では、顧客の満足度が低ければ他のライバル空港に乗り換えられてしまう可能性があります。米国のニューヨーク・タイムズ誌に掲載された「Why Waiting Is Torture（なぜ待つことは拷問なのか？）」[60]と題したレポートにこの苦情の対応に関する経緯が紹介されています。レポートによれば、ヒューストン空港では、このクレームに対してスタッフを増員することで、平均待ち時間を短縮させることに成功したそうですが、それでも全く苦情の数は減らなかったといいます。そこで、空港側は乗客の動きを注意深く観察するためにストップウォッチを持って調査したところ、乗客たちは到着ゲートから手荷物引渡所まで平均して1分ほど歩き、手荷物引渡所で7分待っていました。つまり、8割以上の時間を手荷物引渡所でただ待つことに使っていたことが分かったのです。この調査結果をもとに、新たな改善策として空港側が採ったのは、到着ゲートから手荷物引渡所までの距離をあえて延ばすというユニークな手法でした。乗客が空港内を"長い時間歩く"

ことで、手荷物案内所での待ち時間を相対的に目立たなくさせたのです。その結果、顧客からのクレームは激減したそうです。もしも、顧客からの「手荷物受取の時間が長い」というクレームの内容をそのまま受け取って対応していたとしたら、現実的で有効な解決策を導き出せたかどうか分かりません。ターゲットとなる顧客の行動を注意深く観察することで、本当の課題に気づくことができたのです。

人は待つことに大きなストレスを感じるといいます。マサチューセッツ工科大学のリチャード・ラーソン教授は、人間は並んで待っている時間を約36％過大評価するという結果を発表しました[61]。そうした人の心理を逆手にとって、騒音問題に対処する面白い取り組みがあります。インドで導入された、「一定以上の音量を感知すると待ち時間がリセット」されるという信号機[62]です。インドでは、信号待ちをする車がクラクションを乱用し、それが騒音問題にまで発展していました。そこで、ドライバーの行動心理（待つことに対するストレス）を逆に利用して、クラクションを鳴らすと"待ち時間がリセットされる"というアイデアを導き出し、大きなコストをかけずに騒音問題を緩和することに成功したのです。

ストリート・ディベート
路上生活者が本当に必要としているものとは？

路上生活者が自身の尊厳を損なわずにお金を稼ぐことを模索した「ストリート・ディベート」という取り組みがあります。これは、オランダのデルフト工科大学院インタラクションデザイン研究科の修士研究で、当時院生であった木原共さんが生み出したソリューションです。木原さんが記した『「物乞い」の行為をデザインする』と題する記事に、ロンドンで路上生活をしているJさんのコメントが以下のように掲載されています。

「ストリート雑誌も売っていたんだけどね。物乞いをするより恥ずかしいと感じたんだ」[63]

木原さんは、路上生活者に対するインタビューで得た上記のようなコメントや、調査・実験などを通して、「路上生活者が最も必要としているのはお金ではなく"尊厳"なのではないか？」という仮説を導き出しました。そして、路上生活者の尊厳を保つために重要なことは、道行く人との「対等な会話」ではないかと考えたそうです。そこで木原さんが思いついたのが、硬貨で世論を可視化して、路上に議論を発生させる「ストリート・ディベート」というアイデアとソリューションでした。具体的には、路上生活者が「ブレグジット（イギリスのEU離脱問題）に賛成or反対」

「移民を増やすことに賛成or反対」「トランプ大統領に賛成or反対」など、世間の意見が分かれるだろう社会問題や政治的テーマが書かれたプラカードや秤を通行人に向けて掲げます。すると、社会・政治問題に感度の高い人は、自分の意志を示したプラカードや秤にお金を入れていくといいます。こうしてストリート・ディベートは、平均1時間に13.5ポンド（約2,000円）の稼ぎを生み出し、路上生活者の1日の稼ぎを劇的にアップさせたそうです[64]。しかし、それだけで終わらないのがこのアイデアの面白いところです。通行人の多くはお金を入れて終わりではなく、「ブレグジットしてはだめだ」「移民は入れてあげないと」「トランプは反対だ」などと語り出し、そこから路上生活者との対話が生まれるというのです。お金を入れたのだから"ひとこと言わせろ"的な心理というのでしょうか。このように、木原さんは路上生活者の悩みを短絡的な解決策で済ませるのではなく、彼らの言葉に耳を傾け、行動心理や生活を観察することで、彼らが本当に必要としている「尊厳」を守りながら「収益」を得るための新たな手法を生み出したのです。また、街行く人の心理にも着目することで、双方にとってWIN-WINとなるポイントを見つけることにも成功しています。

WORKSHOP

エクストリームユーザーリサーチ

極端な層の意見から気づかされる企画の盲点

新しい化粧品の商品開発についてのユーザー調査を頼まれたら、どのような人に向けた調査を実施するでしょうか。

・流行に敏感な女子大生
・時短メイクで済ませたい30代の働く女性
・スキンケアに興味のある男性

など、化粧に関心がありそうな世代や化粧品市場の多くを占める層が思い浮かぶかもしれませんが、今回はあえてエクストリーム（極端な）といわれる層にフォーカスを当てて調査する「エクストリームユーザーリサーチ」を紹介します。

例えば、
・実年齢とは異なる役を演じる女優や俳優
・化粧を続けたいと考える70代以上の高齢女性
・派手なメイクをしたい男性

など、市場を占める割合の少ない"極端な層"から意見を得ることは、今までとは違った角度から企画の主旨や方向性を見直す際に有効です。それは、マジョリティー（大多数）に向けた調査では想像できる範囲の結果しか得られず、新たな気づきや発見にはなかなか繋がらない場合が多いからです。

例えば、P＆Gが開発する消臭スプレーの「ファブリーズ」は今でこそ誰もが知っている人気商品ですが、発売当初は全く売れなかったそうです。そのときのCMのコピーは「ファブリーズを使えば臭いは消せるのよ」というものでした。定性調査維新の会が発信する記事[65]によると、定性調査を目的に訪問したのは、猫を9匹飼っている家庭で、部屋自体は清潔で整理整頓されていたにも関わらず、ものすごい悪臭を放っていたそうです。調査員が「猫のにおい対策はどうしていますか？」と尋ねると、家主はぽかんとして「特に気にしていないですよ」と答えたといいます。この回答から導き出されたのが、他の人にとっては強い臭気であっても住んでいる人は慣れてしまっていて気づかない、という事実でした。調査員は、これこそが「ファブリーズが売れない理由なのでは？」と気づきを得たそうです。そこでファブリーズを「日常の嫌な臭いを消すもの」ではなく、「窓を開けたときに、フレッシュな風が注ぎ込むようなもの」というイメージに変えて訴求していった結果、大ヒット商品になったのです。

このように、極端な意見にも耳を傾けることで、開発の方向性やコンセプトの思わぬ盲点に気づくことができるのです。

11

絵本

ストーリーを共有する

近年はインターネットでの検索順位が企業の生死を分けるともいわれています。検索順位（SEO）の世界には「コンテンツ・イズ・キング」、つまり「コンテンツがすべてだ」という言葉があるほど、発信する情報の質が企業価値に直結する時代です。しかし、インターネット上には溢れるほどのコンテンツがあるため、闇雲に情報を発信するだけでは人々の心に響きません。世の中の空気感をきちんと捉え、受け手の気持ちを想像しながら伝えることが大切です。コンテンツ重視の時代に真に求められているのは、発信する「もの」や「こと」の裏に隠された「背景」や「ストーリー」を想像することなのです。

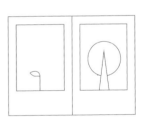

KEYWORD

コンテキスト
ストーリー、ナラティブ
時代背景、文化背景
非機能的価値

コンテンツが溢れる時代に求められるストーリー

語りたくなるものとは？

私たちは、素晴らしい映画や芸術に触れたとき、その感想や解釈を誰かと語り合いたくなります。それは、ものの価値やその感じ方に絶対的なものがないからです。多くの映画館や美術館にカフェが併設されているのもそのためでしょう。人が語りたくなるものは、映画や芸術に限りません。「こんな便利な家電があったよ！」「こんなおいしい料理屋さんを見つけた！」など、日常生活の中にもつい誰かにシェアしたくなる場面は多くあると思います。

物事が語られる（シェアされる）とき、語り手は語る対象に対して何かしらの「価値」を見出しています。では、誰かに語りたくなるものがもつ価値とは一体何でしょうか。デカルト的二元論で考えると、ものの価値とは「機能的な価値（物質的な価値）」と「非機能的な価値（精神的な価値）」の2つに大別することができます。最近では、山口周さんが、著書『ニュータイプの時代 新時代を生き抜く24の思考・行動様式』（ダイヤモンド社）の中で、価値は「役に立つもの」と「意味のあるもの」に分類されると語っています。

「機能的な価値」とは、服でいえば着心地の良さや動きやすさ、車でいえば燃費や最高速度など、その製品の性能や能力を指します。もう一方の「非機能的な価値」とは、機能的な価値には該当しない、その製品がつくられた背景や物語によって生まれる価値のことをいいます。例えば、一流ブランドのシャネルの服は一般的な服よりもはるかに高い価格で取引されます。また、バスケットボールのファンであれば、自分には大きすぎて着ることのできないマイケル・ジョーダンのユニフォームに、プライスレスな価値を見出すこともあるでしょう。このように、その背後にある文脈やストーリーによっては、特定のターゲットユーザーから非常に高い価値を感じてもらえるのです。

人はコンテキストに注目する

ものごとの背景にある文脈やストーリーを理解して、そこに価値を見出すことは人間

ならではの行為といえます。これは人間の脳に由来するところが大きいそうです。ラットは目の前にご飯があれば反射的に食べてしまいますが、それはインプットとして「食べ物」を目にすれば、アウトプットとして「食べる」という行為が働くように、脳の機能が直結しているからです。人間の場合は、脳の拡張とともに物事をより複雑に考察することができるようになりました。そのため、食べ物を見た場合でも、「これは焼いた方が美味しいのでは？」「太ったから食べない方がいいかもしれない」「この食材は、腐っているかも」など、ひとつの情報から様々な思いや考えを巡らせることができます。複雑な思考を得意とする人間の脳が、ものや出来事の背後にある文脈やストーリーを感じ取り、そこに「非機能的な価値」を見出すのです。

映画『ブラックパンサー』（監督：ライアン・クーグラー）の衣装を手掛け、アカデミー衣装デザイン賞にも輝いた世界的な衣装デザイナー、ルース・カーターは自身の仕事を縫い仕事ではなく、「ストーリーを語ること」だといいます[66]。彼女は、服装というのは、着る人の性別や年齢、何をしているか、どこに住んでいるのか、何を信じているのかなど、様々な情報を発信するものだと語っています。服装ひとつとっても、着る人の心情や性格、思想が反映されるのです。

昨今では、インターネット上の検索順位が企業や製品の存在価値を表す指標ともいわれているため、検索順位を上げるために記事の題名やディスクリプションの文字数、キーワード、挿入する図の数までが緻密に計算してつくられています。しかし、そのコンテンツが果たして価値を生むものかどうかは、受け手や書き手、時代背景によっても大きく左右されます。コンテンツが溢れる時代だからこそ、発信する「もの」や「こと」の質だけでなく、その背景にある「コンテキスト（文脈やストーリー）」に目を向ける必要があるのです。

EP.1　シャネル

色褪せないブランドストーリーとは？

世界中の女性から共感を集めた、シャネル

ブランドストーリーで時代を牽引してきた企業に、CHANEL（以下、シャネルと表記）があります。創業者であるココ・シャネルは、華々しい世界で生きてきた強い女性というイメージがありますが、実はかなり苦労の多い幼少時代を過ごしています。1883年にフランス南西部のソミュールという街で生まれた彼女は、11歳のときに病気で母を失い行商人の父にも捨てられてしまったため、幼い頃は孤児院や修道院で育ちました。そんな彼女が立ち上げたシャネルのブランドは、男女平等とは程遠い時代に、「古い価値観に捉われない自由で自立した女性像」をポリシーとして掲げ、この価値観に共感する世界中の女性から強く支持され続けてきました。シャネルは、すべての従業員にココ・シャネルの歴史やブランドについて、徹底した研修を受けさせることでも知られています。現在でも新商品が発売された際には、その商品にはどのようなストーリーがあるのかを、販売員にきちんと伝えるそうです。

シャネルの"古い価値観に捉われない"ことの実践は、代表作からも見てとれます。例えば、1921年に発売された不朽の名作ともいえるシャネル初の香水「シャネルNo.5」は、マリリン・モンローが、「何を着て寝ているのですか？」という質問に対して、「No.5」と答えたことでも有名になりました。"No.5"というネーミングは、1番〜24番までの番号が振られた試作品の中から、ココが5番目を選んだことに由来します。ロマンチックな名前をつけられることが多かった時代において、古い慣習を嫌うココ・シャネルは、あえてシンプルな数字を選んだのです。また、香り自体も「シャネルNo.5」が登場する以前の香水というのは、スミレやローズ、オレンジの花といったように実際の花の香りを表現したものでしたが、「シャネルNo.5」はジャスミン、ローズ、イランイラン、ベチバーに、アルデヒドなどを加えることで、「女性の香りを思い起こさせるような抽象化した花の香り」を再現し、大ヒットとなったのです。

ストーリーが腐ってはいけない

シャネルの掲げる「古い価値観に捉われない自由で自立した女性像」のポリシーは、ココ・シャネルの生き方そのものでした。彼女は喪服用途であった黒い服を「リトル・ブラック・ドレス」として広めたり、働く女性のためにジャージやツイード素材のスーツを打ち出したりするなど、ファッションの歴史に次々と

CHANELの創業者、
ココ・シャネルの肖像
（写真左）

革命を起こしていきました。こうした彼女の数々の挑戦が、シャネルのブランドをより強固なものにしていったのです。

創業から100年以上の歴史を誇る、京都の老舗料亭「菊乃井」の3代目主人、村田吉弘さんは、文化庁長官との対談で「伝統とは、革新の連続が生む。同じことをずっとやることは伝承である」[67]と語りました。ブランドやストーリーをただ守るだけでなく、いかに革新を続けていくか？ と考えることは、ビジネスの現場でも必要とされます。

創業者の亡き後のシャネルも苦難の時代を迎えました。シャネルのバトンをつなぐ役目を担ったのは、ドイツ出身のファッションデザイナー、カール・ラガーフェルドでした。彼は"シャネル復興の主役"ともいわれ、まだブランドを再復興させるという考え方が一般的ではなかった時代に、従来の遺産と共に「ファンタジーを創造することの重要性」を何度も説きました。彼は、当時のアメリカ車が日本車やドイツ車に負けていた理由として、アメリカンドリームをデザインすることを忘れたからだと指摘しています[68]。機能だけでなく、美しいブランドストーリーのある車であれば、消費者は今でも欲しがるだろうと考えたのです。

まさに、シャネルが一流ブランドとして不動の地位を築けたのも、「古い価値観に捉われない自由で自立した女性像」というポリシーを崩さなかったからでしょう。一貫したブランドストーリーと革新を続けるプロダクトによって、時代を経ても色褪せないブランド価値を維持し続けているのです。

EP.2

気仙沼ニッティング
震災のコンテキストを伝えるブランド

「気仙沼ニッティング」と呼ばれる、メーカー直販型のブランドがあります。気仙沼ニッティングは、2011年3月11日に起きた東日本大震災で大きな被害を受けた気仙沼から立ち上がったブランドで、オーダーメイドのカーディガンやセーターをつくって販売しています。公式サイトには次のような願いが綴られています。

「日本だけでなく、世界中のひとに求められるものをつくっていく。東北の気仙沼（Kesennuma）という地名が、素敵で高品質なニット商品を生み育てる場所として、世界に知られていきますように」

この願いのもと、販売されるカーディガンやセーターは、気仙沼の編み手さんたちによって一着ずつ丁寧に手編みされています。現在は、注文をしてから手元に届くまでにおよそ

気仙沼ニッティングの
オーダーメイド
カーディガン

1年半〜2年ほどかかるそうです。それほど長い月日がかかっても購入者が絶えないのは、「3・11」の復興支援として気仙沼の人たちの力になりたいと願う買い手が多いからです。

「ナラティブ」という言葉がビジネスの現場で注目されています。物語やストーリーと近い言葉なのですが、ナラティブが指すのは、物語の内容よりも一個人が主体となって「語る」という行為の部分です。これまで企業のHPに掲載されているようなブランドストーリー（創業何年で、どんなヒット商品を生み出してきたか、など）には、消費者である"あなた"は登場しませんでした。しかし、最近になって多くの企業が「消費者や生産者である"あなた"を企業のブランドに登場させて、強い関係性をどうやって築くか？」を模索し始めるようになってきました。そうした中で、「あなたとブランドとの関係性」によりフォーカスしたいときなどに、ナラティブという言葉が使われるようになったのです。気仙沼ニッティングのブランドには、生産者である気仙沼の"おばちゃん"や消費者である"あなた"が登場し、カーディガンを通じて確かな関係性を結ぶことができます。誰かが誰かに向かって"物語る"行為は、生産者と消費者の間に「対話」を呼び起こすことができるのです。

THE NORTH FACE　　　　　　　　　　　　　　　　　　　<u>EP.3</u>

人類と共に革新するスポーツウェア

欧米では「アスレジャー」と呼ばれるファッションジャンルが確立してきています。アスレジャーとは、アスレチックとレジャーを組み合わせた造語で、スポーツウェアを普段着に取り入れたスタイルのことを指します。アクティブウェアに近いジャンルで、その市場規模は現在約3,000億ドルともいわれています[69]。流行の移り変わりが激しいファッション業界では、このように新しいジャンルが次々と登場します。今では当たり前になった"カジュアルな服"も、先進国の平均労働時間が減って、自由な時間がもてるようになったことが、広まった理由といわれています。自由時間が増えれば増えるほど、仕事着と普段着の切り替えという概念が薄れてくるからです。

また、スポーツがファッションの流行を新しくつくってきたという見方もあります。4年連続でウィンブルドン選手権を制したスザンヌ・ランランは、ロングスカート、長袖のウェア、コルセットがテニスのファッションの定型とされた時代に、「半袖のウェア」と「明るいオレンジ色のヘアバンド」で試合に挑みました。こうしたプロアスリートたちの挑戦も、私たちの服装の自由度を高めてきたと考えられています。

登山などのアウトドア衣服を展開するアメリカのブランドTHE NORTH FACE（ザ・ノース・フェイス）も、「人間の限界に挑み 未知なる冒険の領域を押し広げる」をビジョンに掲げ、アウトドアジャンルで数々のムーブメントを巻き起こしてきました。2019年には、FUTURELIGHT（フューチャーライト）という防水透湿素材を発表し、スポーツ業界に大きな衝撃を与えました。この新素材を使用したウェアは「呼吸するアウター」とも呼ばれ、防水素材のデメリットだったウェア内の蒸れを防ぐことができます。開発のきっかけは、とあるアルピニスト（登山家）の「生き物のようなウェアがあればいいのに」というつぶやきから、デザインチームが次のような問いを立てたことでした。

「たった1着で冷たい雨や凍てつくような寒さから身体を守り、余分な湿度を逃して常に身体をドライに保ってくれる、まるで有機体のように形や機能を変えるウェアはできないものか」[70]

こうした最新の科学技術によって生み出されたFUTURELIGHTのように、「人間の限界に挑む服」の追求は、今も続けられているのです。

WORKSHOP

イノベーション4

企画を四コマ漫画で"物語る"

企画したプロダクトやサービスが、ユーザーの生活をどのように変えるのかを分かりやすく伝える方法論に「イノベーション4」があります。これは新しい価値を"物語る"ための四コマ漫画です。以下、4つのステップを踏みながら作成してみましょう。

1) まず、最初のコマに対象となるユーザーの「①さえない現状」（ユーザーの抱える課題や不満など）を表現します。四コマ漫画なのでビジュアル化することが理想ですが、あまり得意でないという人はテキストで埋めていく形でも構いません。

2) 1) で表した、さえない現状をどう変えたいか、あなたが考える「②ありたい姿」をイメージして最後のコマに描きます。実現可能か否かは一旦脇においておきましょう。

3) さえない現状とありたい姿のギャップを埋めるために必要なプロダクトやサービスは何か？を考察します。「③企画するプロダクト」の機能や企画した背景などを、2コマ目に描きましょう。

4) 最後に、プロダクトやサービスを利用している「④ユーザーの姿」を3コマ目に描きます。ここでは、ユーザーのリアルな姿を描き出せるのが理想です。チェックすべきポイントは、そのプロダクトやサービスを使うことでユーザーが現状の課題を克服して、2) で表現した「②ありたい姿」に近づくことができているかどうかです。

四コマ漫画としてビジュアル化することで、現状での課題が整理されると共に、プロダクトやサービス全体の目的を俯瞰して眺めることができます。

［イノベーション4の描き方 コンセプトトラクター YT01の場合（→参照P83）］

①さえない現状
農家の高齢化が進む中、新しく参入する人がいない

③企画するプロダクト
子どもが農業に興味をもつような「かっこいいトラクター」を企画

④ユーザーの姿
子どもの後押しにより、農業へ転職を決める家庭が増える

②ありたい姿
若い就農者を増やし、「持続可能な未来の農業」をつくる

12

サーチライト

仮説を立てる

ハーバード大学の教授で社会学者のタルコット・パーソンズは、「コンセプトとは、サーチライトのようなものだ」と説きました。今まで誰も意識していなかった事柄がサーチライトの光で照らし出されることで、私たちは、それを「新しい事実」として認識することができるのだといいます。周知の事実であるような事柄も、サーチライトで照らす先を少し変えるだけで、見えていなかった「新しい事実」が浮かび上がってくることがあります。優れたコンセプトは、私たちに今までとは異なる視点や気づきを与えてくれるものです。そして、自分自身がときめく「仮説」こそが良いコンセプトとなる可能性を秘めているのです。

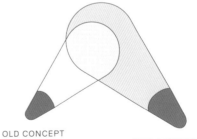

OLD CONCEPT

NEW CONCEPT

KEYWORD
コンセプト
新しい事実
世界観
仮説(If)

「新しい事実」を照らすコンセプトの重要性

コンセプトとは何か？

「夢と魔法の国」と聞けば、多くの人がディズニーランドを思い浮かべるでしょう。まさにディズニーランドの世界観は、「夢と魔法の国」という一貫したコンセプトをもとにつくられています。では、コンセプトとは一体何でしょうか。タルコット・パーソンズ教授は、「コンセプトとはサーチライトのようなものだ」[71]と説いています。コンセプトという名のサーチライト（夜間に遠くのものを照らす強い光源をもつ装置）で、今まで見えていなかった事柄を照らし出すことで、私たちはそれを「新しい事実」として認識できるのだといいます。ディズニーランドであれば、忙しい日常の中に"夢の国などない"という認識があるからこそ、"夢の国はある"という新しい世界観が提案されたときに、多くの人が惹きつけられるのです。つまり、優れたコンセプトとは、私たちに新しい視点や気づきを提供してくれるものだと言い換えられます。

現代アートの中には、優れたコンセプトをもつ作品がたくさんあります。例えば、2019年のあいちトリエンナーレで展示された、英国生まれのアーティスト、ワリード・ベシュティが制作した『FedEx』[72]は、運送会社FedEx（フェデックス）の段ボール箱の上に薄いガラスの箱を置いただけのインスタレーション（オブジェを配置し、場所や空間全体を作品とするもの）に見えますが、よく見るとガラスの箱には複数のひびや傷が入っていることが分かります。実はこの作品は、FedEx規定の出荷箱と同じサイズの薄いガラス箱を梱包し、FedExによって世界中に発送された過程でできた痕跡を提示したものなのです。作者のワリード・ベシュティは、この作品は、世界中に張り巡らされた交通網によって削り出された「社会彫刻」なのだと説明しています。私たちは、木や石や金属などの素材に人の手で彫り刻んだものを"彫刻"と呼んでいますが、人ではなく物流が削り出したものも彫刻作品になりえると作者は考えたのです。この作品に数百万～数千万円以上の高値がつけられていると聞いたら、驚く人もいるでしょうか。まさしく、作品のコンセプトにそれだけの価値がつけられたのだと思います。

コンセプトに立ち返る

世界観やコンセプトをビジュアル化する「コンセプト・アート」と呼ばれるジャンルがあります。コンセプト・アートとは、ゲームや映画、アニメーションなどの作品の「世界観」を1枚の絵で表現したものです。作品のビジュアル開発やコンセプトデザインを考える際に使われる手法で、目指すべきイメージをメンバーと共有するために制作されます。優れたコンセプト・アートには、1枚の絵を見ただけでその作品をプレイしてみたい、見に行ってみたいと思わせるほどの力があります。その好例とも呼べるのが、三鷹の森ジブリ美術館に展示されているジブリ映画のコンセプト・アートです。スタジオジブリでは、チーム一丸となって制作に取り組むためにコンセプト・アートを軸にした作品づくりが進められています。制作初期に、その作品が目指す世界観を1枚の絵で表現するため、実際の映画には登場しないシーンが描かれることも多く、それこそが見所のひとつとなっているのです。

ビジネスにおいても、目指すべき世界観やコンセプトを仲間と共有することは必要不可欠です。企業経営の現場では、競合する企業がどのような世界観をもち、中途経営計画を果たした先にどのような未来像を描いているかを調査することがあります。そして、競合他社が目指す未来像に対して、自分たちは「どのような世界観をステークホルダー（利害関係者）と共に目指していくか？」を考えます。それは、競合他社との差別化を図ることで、より独自性のあるコンセプトへと磨きをかけることができるからです。また「中途経営計画に対し、現場の社員が関心を寄せない」「製品の機能や性能が似通ってきてしまう」などの問題や、「今までの方向性とは違った製品を開発したい」などの迷いに対しても、目先のアイデアや解決策で済ませるのではなく、「どのような世界観をつくり出したいと考えているのか？」「新しい視点や考え方を提供しているか？」「目指す世界観は面白いものになっているか？」と振り返りながら実行することが大切です。世界観やコンセプトを思索し共有することで、確かな未来像に向かって、チームメンバーやステークホルダーたちと一体となって進むことができるのです。

EP.1   **Noma**
「料理との結びつき」を提供するレストラン

時間と場所を大切にする料理

イギリスのレストラン誌が主催する「世界の
ベストレストラン50」の中で、2010年から
3年連続で優勝し2019年にも2位に輝いた
Noma（ノーマ）というお店が、北欧デンマー
クのコペンハーゲンにあります。2015年には、
マンダリン・オリエンタル東京で「ノーマ・
アット・マンダリン・オリエンタル・東京」
が期間限定で開店したことでも大きな話題と
なりました。料理とワインのペアリングでひ
とり当たり7万円ほどもする高価格帯であり
ながら、予約開始から1日ですべてのリスト
が埋まり、ウェイティングリストは6万2,000
人にも達したといいます[73]。

なぜ、Nomaは世界の美食家たちからこれ
ほど評価され、世界最高のレストランと呼
ばれるようになったのでしょうか。それは、

Nomaが「今どこにいて、どの季節なのかを
感じられる料理を日々提供する」という一貫
したコンセプトを軸に料理を提供しているか
らです。グローバル化が進み、欲しい食材が
すぐに手に入るようになった世の中では、単
に味の良さだけが料理の価値を決めるのでは
ないだろう、とNomaは考えています。だ
からこそ、お店を開く場所で採れる地元の食
材を用いて、季節に合わせた革新的な料理を
提供し続けるというシンプルでありながら、
難しい命題に挑戦し続けているのです。彼ら
が大切にしているのは、食べる人が「料理と
の強い結びつきを感じられるかどうか？」と
いう基準です。例えば、"その土地でしか食
べられない""そのときしか食べられない"こ
とは、希少ゆえに強いメッセージ性を帯びま
す。Nomaはそこに着目し、「時間」と「場所」
の2つの軸を大切にした料理を提供している
のです。

左：
Nomaコペンハーゲン
本店で提供される料理、
2018
右：
Nomaコペンハーゲン
本店の様子

独自の哲学を大切にする

Nomaという言葉は、「nordisk（北欧の）」と「mad（料理）」を組み合わせた造語です。コペンハーゲンにある本店では、Nomaの名前やコンセプトに沿った料理が提供されているのですが、そのメニューが独創的です。中でも「ヨーグルトと蟻」という本物の蟻を使った料理が有名で、地元の素材を追求するNomaならではのこだわりが詰まっています。レモンのような柑橘類が手に入りにくい北欧では、これらの代替として「蟻」を使う土着の文化が昔からありました。それを料理に活かしたのです。

2015年に、Nomaが東京で期間限定のレストランを開店するまでのストーリーは、『ノーマ東京 世界一のレストランが日本にやって来た』（監督：モーリス・デッカーズ）[74]というドキュメンタリーでも紹介されました。映画では、Nomaの料理人たちが青森から石垣島まで日本中を食材探しで奔走し、「日本で提供すべき料理とは何か？」と日本オリジナルのレシピを考え抜く様子が描かれています。「料理人なら料理で顧客と語るべき」という独自の哲学をもつNomaの料理長レネ・レゼピは、創作の"語彙"を増やすには店の外に出るのが良いと語ります。「私たちは食の世界の探検家だ、新しい手法で宝を見つけることが料理人の使命だ」と考える彼らが、現地の農家の人たちと一緒に食材探しをする様子は、探検家そのものです。顧客に「その場所」で「その時期」にしか味わえない卓越した体験を提供する食材は何か？　を絶えず探求し続ける彼らの真っ直ぐな姿勢こそが、世界中の愛好家を虜にする所以なのでしょう。「その土地や文化、食材に徹底的にこだわる」という一貫したコンセプトが、Nomaを支え、ファンを魅了する斬新な料理を生み出す原動となっているのです。

EP.2

EVERLANE
バリューチェーンの透明化を掲げるブランド

生産者から消費者に商品が届くまでの流れをバリューチェーンと呼びますが、そのバリューチェーンの透明性に徹底的にこだわっている、EVERLANE(エバーレーン)[75]というアメリカのファッションブランドがあります。EVERLANE のコンセプトは、「Radical Transparency(徹底された透明性)」で、自社で製造・販売するすべての商品の原価をショッピングサイトで公表しています。原価だけでなく生地やファスナーなどの素材から、人件費、関税、輸送費などの内訳も公表する徹底ぶりには舌を巻きます。同社がこれほどまでにバリューチェーンの透明性を徹底するのは、なぜなのでしょうか。

ファストファッションと呼ばれる低価格で提供される服は、途上国労働者の血と汗でできているともいわれ、社会問題になっています。つまり、ファッション業界ではバリューチェーンはできれば隠したいものなのです。そうした中、EVERLANE は業界で常識化されてしまっている流通の方法をもう一度見直し、委託先の工場や生産者の写真、取引開始までのエピソードなどをすべてオープンにすることで、ファッション業界に「新たな常識」をつくり出そうとしています。同社は、これを「エシカル(倫理的)な仕組み」と謳い、買い手も商品を生産するのに一体どれくらいのコストがかかっているのかを知る権利があるのだと述べています。

また、EVERLANE の公式サイトでは、原価と一緒に「Traditional Retail(小売りでの想定価格)」が公表されています。オンラインマーケットでダイレクトに顧客に届ける仕組みを構築している同社は、小売想定価格を下回る価格での提供を可能にしています。それによって中間マージンをなくし、環境保全やサステナブルな社会づくりに貢献していることから、社会性のある企業としても高い評価を得ています。ファッション業界の流通のありかたを根底から変えようとする姿勢は、ハイブランドとも一線を画した、同社の独自性になっています。おそらく EVERLANE の主要な顧客は、値段だけでなく、「徹底された透明性」という企業の考え方に共感しているのでしょう。コンセプトや世界観を考える際には、広い視野をもって「常識とされてきた業界の慣行は何か?」「これからの業界のありかたとは何か?」と考えてみてもよいかもしれません。多くの人が当たり前と思っている事実を覆すような「仮説」こそが、独自性の高いコンセプトとなる可能性を秘めているのです。

TikTok

ユーザーが目的をつくるプラットフォーム

多くのサービスは、開発者がユーザーに対してこのように使ってほしいという目的があって開発されます。しかし、Instagram、YouTube、Facebookなどのような今流行しているサービスやプラットフォームを見ていると、ユーザー側が自由に目的をつくったり、定義したりすることで人気を集めているものが多く登場しているように思います。

フランスの哲学者ジャン・ポール・サルトルは、「実存は本質に先立つ」という哲学的な概念を唱えました。例えば、はさみは紙を切るという本質（目的）があって、初めて実存（実在）するように、多くの道具や機械は目的のためにつくられます。その一方で、人間は実在が先にあって自分の本質は後からついてくるものだとする考え方です。最近のサービスを見ていると、サルトルのいう"人間性"のように、目的よりも先に実在（サービスやプラットフォーム）があって、後から本質（ユーザーの使い方や定義）がつくられるケースが増えているように感じます。

若者を中心に世界中で流行している、ショートムービーをシェアできる動画投稿アプリTikTok（ティックトック）もそのひとつといえます。開発者は動画の時代がくることを予測して、誰でも簡単に動画をシェアできるサービスを開発したわけですが、おそらく開発時点では予想もしなかっただろう独自の流行や文化などが、TikTokのユーザー間で共有されています。例えば、2018年頃に流行した「いい波乗ってんね」というフレーズから派生した、「いいアゴ乗ってんね」というハッシュタグがブームになりました。これは、差し出された手のひらに他の人が顎をちょこんと乗せにくるという動画で、芸能人やインフルエンサーも積極的に参加した一大キャンペーンとなりました。まさに、ユーザー側が新たなトレンドや使い方（本質）をつくり、TikTok（実存）のありかたを定義しています。こうしたユーザー参加型のサービスの登場は、マスの消失とも関係しています。個人の嗜好が多様化する中で、テレビなどに代表されるマスメディアの人気が衰え、若者や中年という切り口では顧客を切り取りにくくなってきました。それに伴い、開発者側がサービスの目的や用途を押しつけるのではなく、各々のユーザーが自身の「好き」を追求していくことで、サービスやコミュニティーが独自に深化し広がっていく仕組みが増えてきたのです。コンセプトを決める際も、顧客やユーザー側が目的をつくったり再定義したりできる余地を残しておくとよいのかもしれません。

WORKSHOP

What if トレーニング

良い仮説が、良いコンセプトを生む

企画したコンセプトが良いコンセプトかどうかを確かめる方法のひとつに「What If トレーニング」があります。日本語に訳すなら、もし、○○だったら？ と想像してみる訓練でしょうか。良いコンセプトの探索は、「良い仮説」を立てることから始まります。

過去に大ヒットした映画のあらすじから、その映画にはどんな「仮説」が隠されているかを考えてみましょう。

例えば、ダン・ブラウンの長編小説を原作にした映画『ダ・ヴィンチ・コード』（監督：ロン・ハワード）のあらすじからは、「もし、イエス・キリストが子孫を残していたとしたら？」という仮説が考えられます。1912年に起きたタイタニック号沈没事故を描いた『タイタニック』（監督：ジェームズ・キャメロン）であれば、「もし、沈みゆく悲劇の旅客船の中に禁断の恋に落ちた2人がいたとしたら？」という仮説になりそうです。コンピューターのつくり出した仮想現実の世界を描いた『マトリックス』（監督：ラリー・ウォシャウスキー、アンディ・ウォシャウスキー）であれば、「もし、今生きている世界が仮想現実で、コンピューターによって操作されているものだとしたら？」という仮説をもとに物語がつくられたと考えられます。

このように、映画に限らず、既存のサービスや作品などからも仮説を探すことができます。この章で紹介した事例であれば、次のような仮説が挙げられそうです。

ディズニーランド（→p114）→「もし、現実世界に夢と魔法の国があったら？」
『FedEx』（→p114）→「もし、社会や交通網がつくりだす彫刻があったとしたら？」

既存のサービスや作品の仮説を探すことに慣れてきたら、「もし、○○だったら？」という独自の仮説をつくってみましょう。思いついた仮説が興味の湧くものであればあるほど、良いコンセプトとなる可能性が高くなります。Nomaの創業者であるレネ・レゼピは、新しいお店を出すときにどんなコンセプトの店にするかでとても悩んだそうです。そして北極で思索にふける中で、「もし、地元の旬の食材だけを用いて、最高の料理を出すレストランがあるとしたら？」という仮説を思いついたときに、すべてのモヤモヤが解消されたと語っています。「What If トレーニング」では、自分の価値観や主観を大切にして、その仮説が純粋にワクワクするものか、琴線に触れるものかを判断してみることが大事です。自分自身が関心をもつテーマで様々な「仮説」を考えてみましょう。きっと魅力的なコンセプトが見つかるはずです。

13

粘土

まず、つくってみる

『Running Lean　実践リーンスタートアップ』の著者でもあるアッシュ・マウリャは、「スタートアップにとって最も重要な資源は時間である」と述べました。開発に時間をかければかけるほど、人件費を含む経営コストがかさみます。そして、どんなに会議を重ねても、果たしてそれがユーザーの本当に欲しいものかどうかは、実働してみないと分からないことが多々あります。だからこそ、"まずはつくってみる"ことが大切です。早期にプロトタイプ（試作モデル）をつくることは、時間やコストの削減につながるだけでなく、ユーザーやクライアントの意見をいちはやく知る有効な手段になるからです。

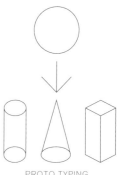

PROTO TYPING

KEYWORD
プロトタイピング
MVP（Minimum Viable Product）
コスト削減
チャレンジ精神

つくってみる！　の精神、プロトタイピング

まずは、やってみなはれ

「もし私が顧客に何が欲しいかと尋ねれば、彼らは『もっと速い馬が欲しい』と答えただろう」。これは、交通手段といえば馬車が主流だった時代に、「速く移動したい」という人々の欲求を見抜いて自動車を普及させた、ヘンリー・フォードの言葉です。iPhoneで世界を変えたスティーブ・ジョブズも、「多くの場合、人は形にして見せてもらうまで、自分は何が欲しいのか分からないものだ」という言葉を残しています。これらは、人々が真のニーズを理解しているわけではないことを教えてくれると同時に、まだ世の中で受け入れられていない画期的なアイデアというのは、多くを説明するよりも、多少荒削りであっても「現物」を見てもらう方が早いものだということを教えてくれます。

百聞は一見に如かず、これがプロトタイピングの精神です。プロトタイピングとは、早期に実働するプロトタイプ（試作モデル）をつくる手段・過程のことで、クライアントや制作者間で欠かせない共有ツールになるだけでなく、市場の反応を見て改善する際にも役立ちます。それによって、開発におけるリスクとコストを低減させられるのです。開発において最も重要なリソースは「時間」です。会議に会議を重ねても、多くの人に受け入れられる素晴らしいサービスや商品ができるとは限りません。つくり込んだプロダクトを、いざ実働してみると全くユーザーの需要に応えていないものであることも少なくないのです。まずは最低限稼働するモデルをつくってみることが、顧客のニーズをいち早く反映させる近道となります。

サントリーの創業者である鳥井信治郎さんは、社員に「やってみなはれ」とよく言っていたそうです。「やってみなはれ」の精神は、斬新な発想でヒット商品を世に送り出すサントリーの中で受け継がれてきました。例えば「サントリー 烏龍茶」は、急須で淹れたお茶を飲むのが一般的だった1981年にペットボトル入りのお茶として登場しました。最近では、ノンアルコールビールテイスト飲料の「オールフリー」がヒットし、ビール市場に新しい風を吹かせています。こうした新商品の数々は、新しいこ

とにチャレンジしやすいサントリーの文化によって生み出されたものなのです。

素材から生まれるアイデア

多くの人が関わる開発であるほど、イメージの共有や擦り合わせが肝心となってきます。そうした際に、「目に見えるもの」「手で触れられるもの」があるだけで、議論が前に進むことがあります。現在では、3Dプリンターやモジュール単位で行うプログラム開発、アジャイル開発(小単位で実装とテストを繰り返すソフトウェア開発)、クラウドサービスなど、テクノロジーの発達によって「より早く・より安く」プロトタイプをつくることができるようになりました。

少し話は逸れますが、2016年に大ヒットした映画『君の名は。』(監督:新海誠)に登場した「組紐」の公式グッズを手掛けた、昭和38年に日本橋で創業した龍工房と、デザイナーの清水大輔さんが企画する組紐の新しいプロダクトがあります。複数の紐が編み込まれることから何かと何かを結びつけるという組紐の物語性に着目し、人と人とのご縁を祝う結婚式などの引き出物がつくれないだろうか?　というアイデアのもと発案された「組紐のフレグランス」です。このプロダクトの開発にあたり、双方のイメージを共有するためつくられた試作品からは、数々の発見があったといいます。そのひとつが、普通の紐よりも組紐を利用する方が空気との接触面積が増えるため、香りの拡散力が高まるという組紐がもつ利点でした。こうした実際の素材を使うことで得られる新たな気づきは、プロトタイピングの醍醐味といえます。組紐のフレグランスはまだ開発途中のプロダクトですが、最終的なプロトタイプ案に選ばれたのは、組紐に香水が染み込んでいくことで先端の紐が開き"花が咲く"デザインだったそうです。このように目に見えるものや手で触れるもので検証することで、思わぬ発見や活かすべき素材の魅力、改善点がより明確になるのです。

アポロ13号
プロトタイピングが活躍した奇跡の帰還

危機的状況だからこそ試作する

1970年4月に行われたアメリカ合衆国によるアポロ計画3度目の有人月飛行、「アポロ13号」は、酸素タンクの爆発事故によりミッション中止を余儀なくされながらも乗組員全員が無事に地球へ帰還した奇跡的なプロジェクトとして、今も語り継がれています。その

模様は『アポロ13』（監督：ロン・ハワード）として映画化され、アカデミー賞を受賞しました。映画では様々な苦難がアポロ13号に襲いかかる様子がリアルに描かれています。中でもクライマックスのシーンでは、2人乗りの月着陸船に3人が避難したことで二酸化炭素吸引フィルターの濾過が追いつかなくなり、このままでは二酸化炭素濃度が高まって

乗組員全員が中毒死してしまう……、という絶体絶命の状況が描写されています。実際のアポロ13号もまさにそのような状況下にありました。アポロ13号の司令船には、新品の四角形の空調フィルターがありましたが月着陸船のものは円形で形状が異なるため、そのまま使用することはできませんでした。アメリカのテキサス州ヒューストンにあるNASAのジョンソン宇宙センター地上管制室のメンバーは、形状が異なるフィルターをどう接合するかという人命救助に関わる難題に対する最善の答えを、世界中にリアルタイムで放映されている中で導き出さなくてはなりませんでした。その危機的な状況で彼らが取った手法が、まさに「プロトタイピング」だったのです。

限られた時間で多くの学びを得る

映画でも、着陸船にあるものと同じ道具や素材が散らばった作業部屋で、頭脳明晰なヒューストンのメンバーが集められ、プロトタイプをつくる姿が描き出されています。そして、試行錯誤の末に生み出されたものが、通称「メールボックス」と呼ばれる手づくりのフィルター装置でした。郵便受けに形状が似たこの装置は、船内にある飛行計画書の表紙、水酸リチウムの缶、粘着テープ、宇

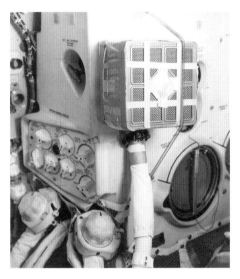

左：
ヒューストンにあるジョンソン宇宙センターの管制室「アポロ・ミッション・コントロール・センター」の様子、1970

右：
乗組員による手づくりのフィルター装置

宙服のホース、ソックスなどからつくることができます。これと同じもののつくり方を、ヒューストンから宇宙にいる飛行士まで、口頭で伝達した結果、間に合わせのフィルター装置により乗組員全員の酸素供給に成功したのです。これが、当時のアメリカにおいて知力や体力などが最も優れているとされる人材を集めて行われたプロジェクトでした。限られた時間内で答えを導き出さなければならないような緊張感溢れる状況において、最も機能する手法が「プロトタイピング」だと彼らは知っていたのでしょう。

エアかる
簡単な試作で100年ぶりのアップデート

私たちが書類を留めたり整理したりするときの定番品となっているダブルクリップは、「てこの原理」を利用してレバーで本体を開き書類を挟む、というシンプルな構造の文具です。1910年にアメリカ人のルイス・エドウィン・バルツレーが発明して特許をとったものですが、100年前に発明されたものと現在の市販されているものを比べても、機能面にほとんど遜色がありません。ダブルクリップの不便な点を挙げるとすれば、広く開閉しようとすると手が痛くなってしまったり、勢いあまってパチンと弾け飛んだりしてしまうことでしょうか。

このマイナス面にフォーカスして生まれた製品が、プラス株式会社が開発した「エアかる」です。エアかるは、てこの原理を応用する形で、本体部分に突起をつくって支点の位置をずらし、さらにレバーの長さを変更することで、開くときの力を最大約50％削減した商品です。レバーの形状も指と接着する面積を広げて指への食い込みを最小限に抑えることに成功し、「グッドデザイン賞 日本文具大賞」にも選ばれました。実は、このエアかるも量産化する前には、従来のクリップにセロハンテープで針金を留めただけの簡単なプロトタイプがつくられたそうです。そして、試作品

を使った人は皆「あっ！　軽い」と歓声を上げたといいます[76]。

プロトタイプをつくる際には、完成度にこだわる必要は全くありません。検証したい仮説を確認できる最低限のプロダクトを準備すればよいのです。このような実用最小限の製品のことをMVP（Minimum Viable product）と呼びます。「従来のクリップにセロテープで針金を留めたもの」これが、エアかるにおけるMVPでした。このMVPを使って、「構造を変える（支点をずらす）ことで、軽く開閉できるか？」という仮説を検証できればよいのです。プロトタイピングで大事なのは、検証したい「仮説」が何かを明確にすることです。その仮説の真偽を素早く確かめるための手段としてプロトタイプがあるため、ただ闇雲に試作品をつくればよいというわけではありません。複数の不確実な要素を抱えて推進させていかねばならない新規のプロジェクトやプロダクト開発では、まずは「仮説」を立てて、それを検証しながら反応が良ければアクセルを踏むのが堅実なやり方です。変化の激しい現代では、こうしたプロトタイピングの手法が今後は主流になっていくような気がします。

Twitter
β版サービスからメガサービスへ

「MVPを世に出したときに"恥ずかしい気持ち"が湧いてこなければ、そのローンチのタイミングは遅すぎた、と考えるべきである」（ローンチとは、新商品や新サービスを公開すること）とLinkedIn（リンクトイン）の創業者であるリード・ホフマンは語ります。早期からMVPを検証することで、市場の反応を見て素早く軌道修正することが可能になるのです。

Twitterの創業者、ジャック・ドーシーも2000年に作成したTwitterサービスのスケッチプロトタイピングを公開しています。それは落書きのようなもので、サイト名も「Stat.us」となっていました。ドーシーによれば、初期に世に送り出した最低限稼働するレベルのものは、たった2人のエンジニアが2〜3週間ほどでコーディングしてつくったものだといいます。Twitterは、スケッチプロトタイピングや最低限のサービスを兼ね備えたβ版サービスから、今のメガサービスへと成長しました。早くからプロトタイプを世間にさらしたことで、仲間や投資家の意見だけでなく、ユーザーの活用法を見ながらサービスを改善することができたのです。例えば、SMS（ショートメッセージサービス）から着想を得たというTwitterの140文字の制限は、仲間内でも賛否両論がありました。しかし、「制

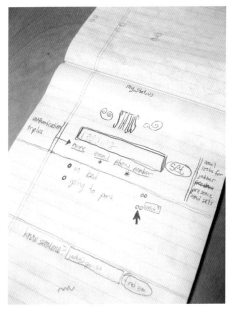

ジャック・ドーシーによる
Twitterサービスの
スケッチプロトタイプ

限はクリエイティビティを助長するのではないか？」という仮説を立てて、あえて字数制限をする形で進めることにしたそうです[77]。こうした仮説も、実際にユーザーの活用法を見ていく中で確信に変わったといいます。現在でも言語によって文字数に違いはあれど、どの国でも制限自体が設けられています。「僕はアイデアを理解してもらうために、"説得"というプロセスはほとんど用いない」「大事なのは、とにかくプロトタイプを見せること。実際にモノを見てもらうのが一番想像してもらいやすいから」[78]とドーシーは語っています。

WORKSHOP

マシュマロ・チャレンジ（ペーパー・タワー）

作戦会議よりも、つくってみる

考えることよりも手を動かすことの重要性を学ぶのに役立つ「マシュマロ・チャレンジ」[79]を紹介します。これは、多くのビジネス開発にも携わる、ソフトウェア開発者のトム・ウージェックが考案したワークショップです。ルールは簡単で、指定された素材を使って一番高いタワーを立てたチームが優勝です。ただし、最後にタワーの頂点にマシュマロを乗せてフィニッシュさせないといけません。メンバーと知恵を出し合ってつくりあげる必要があるため、チームビルディングにもおすすめです。

■準備するもの
乾燥パスタ：20本
マスキングテープ：90cm
ひも：90cm
マシュマロ：1つ
はさみ：1つ

■ルール
・4人1チームで行います。
・できるだけ高い、自立したタワーを立てること。
・タワーの頂点にマシュマロを置くこと。
　マシュマロはパスタに刺してもOKです。
・テープで足場を固定してはいけません。
・パスタ、テープ、ひもは、
　切ったり貼ったりしても構いません。
・マシュマロは切ってはいけません。

・プレイ時間は作戦タイムを含み18分間。
・計測中もタワーが立っていなければなりません。

道具やマシュマロ、パスタなどを準備することが難しい場合は、A4の紙で代用することも可能です。A4の紙を折るなり重ねるなりして、高いペーパー・タワーをつくりましょう。

ぜひ、会社の研修やチームのレクリエーションなどで「マシュマロ・チャレンジ」を試してみてください。メンバー同士の作戦会議はほぼ意味をなさず、"すぐに試してみる"ことが成果に直結することを、ワークを通して学ぶことができます。世界中でワークショップを実施するトム・ウージェックによると、作戦会議や戦略を考えないですぐに作業に取り組む子どもたちの方が、大人顔負けの成績を残しているのだそうです。議論を重ねるよりも、プロトタイプをつくることに時間を割く方がいかに効率的かを身をもって知ることができるでしょう。

14

はさみ

不要なものを引く

「白紙も模様のうちなれば、心にてふさぐべし」これ
は、土佐光起という江戸時代の画人の言葉です。
日本画の多くは、海外の作品に比べて余白が目立
ちます。それは、日本には古くから引くことで美しさ
が際立つとされる「引く文化」が根づいていたから
なのでしょう。多くのボタンがついたガラケーと呼
ばれる携帯電話が主流の時代に、ボタンひとつの
iPhoneが登場したことで、一気に携帯電話の市
場シェアが逆転しました。iPhoneは「引き算」で
生まれた革新的なプロダクトといえます。付加価値
という言葉から、つい"足す"ことばかり考えがちで
すが、"引く"ことで生まれる価値もあるのです。

ESSENCE

KEYWORD
引く価値
想像の余白
機能美
マイナーチェンジ

<u>INTRO</u>

残すべき本質を見極める、引き算思考

"引く" ことで生まれる価値

近藤麻理恵さんという片づけコンサルタントをご存じでしょうか。ときめくものだけを残し、人生に不要なものを手放すことで人生を好転させるという「こんまりメソッド」を編み出し、女性を中心に世界各国からの支持を集めています。「いかに年収を増やすか？」「良い家を購入できるか？」というように、人生においては何かを得ることばかりに目を向けがちですが、こんまりメソッドでは、「いかに身の回りのものを引いていけるか？」という考え方を提供しているのです。このように、"引く" ことの価値を感じられる例をいくつか紹介します。

例えば、四国の直島にある、建築家の安藤忠雄が設計した南寺の中には、ジェームズ・タレルの『バックサイド・オブ・ザ・ムーン』というインスタレーションがあります。真っ暗な空間を進んで、その先のベンチに腰掛けるという作品です。ベンチに座ってしばらく経つと、暗闇に目が慣れてくると同時に何もないと思っていた空間にぼんやりと長方形の光が見えてきます。この光は元々空間に差し込んでいたものですが、建物内に入った瞬間は私たちの瞳孔が閉じているため気づくことができません。暗闇の中でじっとしていることで、その繊細な光が少しずつ見えてくるという仕掛けです。タレルの作品は、「日常の光」を引くことで、逆に「微かな光」に気づけることを体験するインスタレーションなのです。

他にも、余白を楽しむことを教えてくれる作品に、不朽の名著といわれている『赤毛のアン』があります。プリンス・エドワード島の自然豊かな村アボンリーで暮らす想像力豊かな女の子のアンを主人公にした物語です。『赤毛のアン』（著：ルーシー・モード・モンゴメリ、訳：村岡花子、新潮文庫）には、次のようなアンの口癖が登場します。

「朝はどんな朝でもよかないこと？　その日にどんなことが起こるかわからないんですものね。想像の余地があるからいいわ」

「想像の余地（scope for imagination）」というアンの口癖は、私たちに想像することの楽しみや余白に目を向けることの大切さに気づかせてくれるのです。

日本人が得意としてきた、引く文化

日本文化には、「幽玄」という言葉があります。幽玄とは、ものごとの背後にある奥深く計り知れない部分に美を見出すという考え方です。日本の囲碁の総本山、東京・市ヶ谷の日本棋院にある最も格式高い対局場も「幽玄の間」と名づけられています。囲碁は、19×19のマス目に白と黒の石を交互に置き合うシンプルなゲームですが、その試合展開は天文学的な数にのぼり、人間がつくり出した最も複雑なゲームだともいわれています。あらゆる要素をそぎ落としながらも、計り知れない可能性を秘めているというのが囲碁の世界観であり、「幽玄の間」の名前はそれを象徴しているような気がします。日本では古くから「引く文化」が根づいていました。五・七・五のたった17音で表現される最もシンプルな詩の定型とも呼ばれる「俳句」や、植物の不要な部分を切って発育を促すことで自然に置かれるよりも美しい姿を引き出す、盆栽の「剪定」作業など、例を挙げればきりがありません。

このように、本来は引くことが得意だったはずの日本人ですが、最近では機能過多なメイド・イン・ジャパンの製品をよく目にします。その筆頭にガラパゴス商品と揶揄された日本の携帯電話がありますが、今や市場から忽然と姿を消し、ボタンひとつで操作できるiPhoneに取って代わられました。iPhoneは、まさに「引き算」の思考から生まれた革新的なプロダクトといえます。西洋絵画の巨匠であるレオナルド・ダ・ヴィンチが残した「シンプルさは究極の洗練である」という言葉がありますが、スティーブ・ジョブズが"現代のレオナルド・ダ・ヴィンチ"と称される所以は、洗練されたシンプルさに対する美的感覚があるからでしょう。個性や特徴を出していくことも大切ですが、日本人が得意な「引く文化」の視点に立ち返ってみることで、背後にある計り知れない可能性を引き出せるのかもしれません。

無印良品
究極の「普通」を追求するブランド

誰にとっても普通であること

日本人が得意とする「余白」や「引く文化」を体現し、世界的な人気を誇る企業に無印良品があります。通常、商品開発するにあたって企業がよくとる手法は、Segmentation（セグメンテーション：顧客を分類する）、Targeting（ターゲティング：購入層を明確にする）、Positioning（ポジショニング：どの市場を取りに行くかを決める）の頭文字をとったSTPと呼ばれるものです。しかし、無印良品は商品開発においてSTPを用いません。どの家であっても誰が使っても、暮らしの中にフィットするデザインの商品をつくっているため、ターゲット層を絞って特定の顧客に刺さるように商品開発をする必要がないからです。「これがいい」ではなく「これでいい」を目指し、生活の基本となるシンプルなデザインを追求することが、無印良品の一貫したコンセプトなのです。

無印良品のシンプルなデザインは、必要なものだけを所有するミニマリストや日本の侘び・寂びの文化、禅的なものの考え方にも通じるところがあります。これは、無駄なものをそぎ落とすことで本質的な価値が見えてくるという考え方です。無印良品は創業時から「自然と。無名で。シンプルに。地球大。」のスローガンを掲げています。「地球大。」という考え方は、同社のコンセプト作成に関わった田中一光さんらがまとめた『無印の本』（リブロポート）の中でも紹介されている無印良品の核を成すコンセプトのひとつで、等身大という言葉があるように「地球大」の大きさで考えようとするブランドの姿勢を表明しています。このスローガンのもとで無印良品は、世界のどこかで長く使われている道具や衣類には必ず理由があるはずだと考えて、古今東西から、たとえ無名の作者であっても長く使われているプロダクトを見つけ出し、徹底的にリサーチを行うそうです。そして企画したプロダクトから、その文化的・歴史的背景を"引いて"いったときに残る本質的な用途や形、質感を商品に反映させているのです。使う国や人を選ばない普遍的なデザインこそが、無印良品が多くの人々に支持される理由なのでしょう。

「普通の人」をリサーチする

「一番の普通」を目指す無印良品は、そのリサーチの手法もかなり独特です。ユーザーリサーチというのは、子どもや高齢者、マニア、プロ、障がいをもつ方など、何かしらの特徴をもった人を対象に行うのが一般的です。な

体にフィットするソファ、
無印良品

ぜならば、特徴をもった人の視点から意見を得る方が、見落としていた問題点や思わぬ気づきとなる情報が得やすいからです。それに対して無印良品は、正規分布の最も大きな割合を示す「普通の人」をリサーチすることで知られています。マーチャンダイザー（商品企画から販売まで管理をする職種）やデザイナーなどでチームを編成し、同じテーマで数チームに分かれて行う生活調査[80]だけでなく、社員宅へのユーザーリサーチも積極的にするそうです。それは、一般の家庭を訪問すると意図より恥が優先して、家の中を片づけてしまうからだそうです。このように無印良品は、普通の人の普通の生活を徹底的に追求することで、一般的なライフスタイルを好む顧客の確かなニーズを掴んでいます。例えば、無印良品の「体にフィットするソファ」は、体にフィットする造形で一度座ると起き上がれなくなるほど座り心地が良いことから、"人をだめにするソファ"とも呼ばれ、人気商品となりました。この商品も、同社が運営する消費者ネットワークから得た顧客の意見をもとに商品化したものだといいます。消費者ネットワークを使って「すわる生活」をテーマに1人掛けソファのアイデアを提案したところ、一番多くの票が寄せられたのが"体をあずけられる大型のクッション"だったそうです[81]。無印良品は、こうした商品企画のコミュニティをつくることで、パーソナルな意見を積極的に商品開発に活かしているのです。

EP.2

コクヨ
マイナーチェンジを続けるノート

シンプルなデザインで国民的なロングセラーとなっている商品に、コクヨのキャンパスノートがあります。コクヨがノート業界に参入した1950年代は、「大学ノート」と呼ばれる糸やステープラー綴じのノートが主流でした。そこへ後発組として参入したコクヨは、他社と差別化するために糸やステープラー綴じをあえて"引いた"、「無線綴じノート」を製品化しました。その後、改良を重ねて1975年に全国の学生向けに初代キャンパスノートを発売したことが、今では年間1億冊以上の売り上げを誇るコクヨのキャンパスノートの始まりです。

定期的にデザインのマイナーチェンジを繰り返してきたキャンパスノートですが、コクヨはリニューアルの時期を明確には定めていないといいます。また、リニューアルするにあたっては、コクヨも他社と同様に市場調査を

するそうですが、その調査項目が独特です。どのデザイン案を採用するかは、市場調査の結果で「嫌い」の票が少ないかどうかで決めるのだそうです。つまり、どんなに「このデザインが好き」「このデザインが良い！」と支持する声が多くても、「嫌い」の声も多ければ、そのデザインの採用は見送られるといいます[82]。まさに「これがいい」ではなく、「これでいい」を目指す無印良品と似た思考です。究極に普通のデザインが長く愛され続け、古くならないことをコクヨは経験則として知っているのです。2011年のリニューアルでは、デザインだけでなく、環境や書きやすさに配慮した紙を新たにつくるなど、使い心地にこだわった商品開発がされています。使う人がノートに何を求めているのか？　それを追求する姿勢こそがキャンパスノートが今でも多くの人から愛されている所以なのです。

ただ、商品開発において「普通」をつくることほど難しいものはないのかもしれません。いかに他社製品と違いを出すか、いかに個性や特徴を出すかを模索し、結果として機能過多に陥るケースも散見されます。個性を出すことも大切ですが、不要な"でっぱり"をそぎ落としたときに残る「本質的なもの」は何かを考えてみてはいかがでしょうか。

キャンパスノート
（左：1975年　右：2011年）、
コクヨ

F-22 ラプター

突き詰めた機能性の先に生まれる造形美

「Form follows function（形態は機能に従う）」という言葉があります。これは、アメリカの建築家であるルイス・サリヴァンが残した言葉で、Form ever follows function が短縮されたものといわれています。機能を突き詰めていくと、結果として無駄のないシンプルなデザインになるという考え方です。限界まで「機能」を追求したプロダクトのひとつに戦闘機があります。文字通り"命懸け"の世界において、外見の美しさなどを追求してはいられません。戦闘機の開発では、墜落の確率やレーダーの捕捉率、スピード、耐久性など、様々な部分で最も優れた機能が求められます。そんな戦闘機の中でも、世界最強の呼び声が高い「F-22 ラプター」は、ロッキード・マーティン社とボーイング社が共同開発した1台400億円を超えるともいわれる、第5世代最強最速のステルス戦闘機です。ステルス技術とはセンサーなどから探知されにくくする技術のことで、F-22 ラプターはこのステルス性能が非常に高い戦闘機として製造されました。その製造過程では、デザイン性をさほど追求していないにも関わらず、そのフォルムや形態にはどこか造形的な美しさが感じられます。必要とされる機能を徹底的に探究したことで、結果として無駄のない「シンプルで洗練されたデザイン」になった好例といえる

ステルス戦闘機
「F-22 ラプター」

でしょう。

余談ですが、洗練されたシンプルなデザインの代表格ともいえる Apple 製品の、初期の PC の内部は、多種多様な配線やチップが入り乱れた状態だったそうです。洗練されたデザインを追求するスティーブ・ジョブズは、表に現れることのない PC 内部のマザーボードに対しても「チップや回路の並びが汚い！」とエンジニアに注文をつけたといいます。マザーボードが美しいかどうかは機能の良し悪しに直結しないかもしれませんが、「本当に必要な機能かどうか？」「不要なものはないか？」と考えることは、機能過多に陥ることを防ぐ一手なのかもしれません。

WORKSHOP

引き算会議（引き会）

引いた先に残るものとは何か？

変わらない本質のことを、「ケーキのスポンジ」に例えることがあります。これは、時代の流れの中で上に乗っているトッピングは変わるが、スポンジ（本質）自体は変わらないという考え方です。ビジネスの現場においても、「どの機能を追加するか？」「どの部分をアップデートするか？」が検討されることが多いのですが、乗せるトッピングだけを考えることは、見方によっては本質が何かを見極めることをやめて、仕事のための仕事に陥っている可能性があります。付加するものだけではなく、「何を引くべきか？」あるいは、「最後まで残るものとは何か？」を検討する必要があります。近代建築の三大巨匠といわれるドイツの建築家、ルートヴィヒ・ミース・ファン・デル・ローエが残した、「Less is more（少ないことは豊かなこと）」は長く親しまれてきた言葉です。

引く視点を習慣づけるためにおすすめなのが、「引き算会議」[83]、通称「引き会」です。これは、参加者が持ち寄ったプロダクトやサービス、デザイン、ロゴなどに対して、全員で「どこを引いていけるか？」を検討するミーティングです。ひとりでもできますが、会社の会議などで数人が集まって行うと、より多様な意見が得られます。注意点としては、やたらと"引けばいい"わけではないということです。引くことを考える際には、「本質的な価値」や「変えるべきではない点」はどこかを同時にディスカッションしてみましょう。

具体例として、スターバックスのブランドマークの推移を見てみます。1971年の初代のデザインから「引き算会議」をしてみると、おそらく次のようなコメントが出てくるのではないでしょうか。「周りのベルトのような部分はいるのか？」「『AND TEA』などの英字はどこまで必要か？」「人魚の細かな描写は残すべきか？」などです。現在のブランドマークは、実際にそうした声を反映したデザインとなっています。機能過多・情報過多になっていないかを客観的に検討することができる引き算会議を、ぜひ試してみてください。

1

2

3

1.
初代スターバックス
ブランドマーク、1971
2.
2代目スターバックス
ブランドマーク、1987
3.
現在のスターバックス
ブランドマーク、2020

15

ろうそく

オルタナティブな提案をする

ミラノ工科大学のロベルト・ベルガンティ教授は、照明機器が普及し、ボタンひとつで明るくできる世の中になったからこそ見直される「ろうそくの価値」があると説きます。実際、電球が発明された後もろうそくの市場は成長を続けているそうです。きっと "明るく照らすこと" 以外の価値が見出され、その需要が増加しているからなのでしょう。時代を牽引していくような最新のキーワードやテクノロジーだけでなく、衰えていく産業や時代の影となるような領域に目を向けてみましょう。そして、そこに別の意味や価値を見出せないか？　と考えてみることで競争の少ない未開拓市場を切り拓くことができるのです。

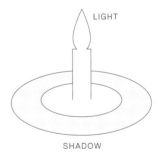

LIGHT

SHADOW

KEYWORD
陰影
オルタナティブ（代案）
再定義
意味のイノベーション

ものの価値を再定義する、意味のイノベーション

電子メールが送れる時代の「手紙」の価値

不朽の名作として世界中から愛されている『星の王子さま』は、飛空士である「僕」がサハラ砂漠に不時着する場面から始まる物語です。この作品は、フランスの作家、サン・テグジュペリが郵便飛行士だった自身の経験を投影して書いたものとされています。電子メールなどがない時代に大陸を行きかう郵便は、まさに命懸けの仕事でした。サン・テグジュペリ自身も飛行中の機体トラブルによってサハラ砂漠に不時着し、絶体絶命の中、3日間歩き続けて無事カイロに生還する、という壮絶な体験をしています。今では指先ひとつで電子メールを送れる時代になりました。かつての「郵便」と現代の「電子メール」とでは、同じ役割を担っていても、その意味合いは大きく変わってくるでしょう。このように時代の変化やテクノロジーの進化とともに、ものの価値や意味は変容していくのです。

ロベルト・ベルガンティ教授は、問題解決によるイノベーションの他に、「意味のイノベーション」があると説いています[84]。教授の調査によれば、電球が発明された後もろうそくの市場は衰退しないどころか、むしろ成長を続けているそうです。これは、ろうそくに"明るくすること"以外の価値が付与され、その需要が現代においても増加しているからだといいます。ろうそく以外にも、電子メールが当たり前になった時代に、「手紙の価値」が再評価されるようになりました。メイド・イン・ジャパンの工場直結型ファッションブランド、ファクトリエ（→p142）の山田敏夫社長も「手紙」の重要性をインタビューで次のように語っています。

「私は人を喜ばせたいとき、幸せにしたいと思ったとき、直筆の手紙ほどよいものはないと思っています。LINEやFacebookで簡単に連絡をとれる時代だからこそ、自らの手で書いた手紙が最も想いを伝えられると。ビジネスにおいてどうしてもお会いしたい方がいる時も、心を込めてお手紙を書くことにしています」[85]

電子メールが"手軽に"送れるようになればなるほど、直筆の手紙に"かけた時間"が

際立ち、そこに「意味のイノベーション」が起こるのです。

「影」の領域に注目する

サン・テグジュペリが自身の郵便飛行士の体験を綴ったエッセイに、『人間の土地』という作品があります。航空技術がまだ発達していなかった時代に、空を飛ぶことがいかに困難だったかを窺い知ることができるノンフィクション作品です。ただ、私は「人間の土地（Terre des hommes）」というタイトルに少し気になる点があります。それは、当時の最先端テクノロジーである飛行機を主題にした作品のタイトルが、なぜ「人間の飛行機」ではなく「人間の土地」なのかという点です。そこにサン・テグジュペリの視線が感じられるような気がします。当時「飛行機」や「空」などの言葉が、人間の"未来"や"光"を象徴するものであったからこそ、サン・テグジュペリはあえて、その対極に存在し"影"となった「人間」や「土地」にもう一度着目したのではないか？と考えています。時代の影となった産業や領域にこそ、再びフォーカスする意義があるのではないかと思うのです。

現代でも、AI、ブロックチェーン、IoT といった次の時代を牽引する技術やキーワードが登場していますが、それらの技術やキーワードへ関心を寄せるだけでなく、実際に社会で実装されたときに生まれるだろう「副次的な産業」や「需要」とは何かを考えてみましょう。成長する産業によって引き起こされる問題や課題、衰退していく産業における意味のイノベーションを探すことで、競争の少ない未開拓な市場に眠る新たなビジネスの種を見つけることができるのです。

EP.1

サントス

飛行機と共に生まれた腕時計

人類最大のイノベーションともいえる飛行機と共に誕生したプロダクトがあるのをご存じでしょうか。それは、今やファッションアイテムの定番となった「腕時計」です。世界で最初に商用化されヒットした腕時計は、1911年にCartier（カルティエ）が発売した紳士時計の「サントス」といわれています。Cartierは、宝石細工師のルイ・フランソワ・カルティエが1847年にパリにジュエリー工房を設立したことから始まった高級宝飾のブランドです。「サントス」の名前は、カルティエの友人で、ヨーロッパ初の有人飛行を成し遂げたブラジル出身の飛行家、アルベルト・サントス・デュモンにちなんでつけられました。サントスの飛行記録は、ライト兄弟の飛行が明らかになるまでは「人類初の飛行」とも大々的に報じられたといいます。そんなサントスが、カルティエに「飛行中に懐中時計を取り出して時間を見ることが困難だ」という悩みを打ち明けたことから、操縦桿を握りしめていなければならない飛行中でも容易に時間が確認できるものとして、「サントス」の腕時計がつくられたそうです。このように飛行機という偉大な発明のもとで、時計業界にも大きな革命が起きていたのです。紳士時計の「サントス」は、スポーツウォッチの古典となり、21世紀に入った現在でもCartierの代表的な製品のひとつとして販売されています。「サントス」のプロモーションムービー[86]に、カフェで空を眺める男性と雲の中を縦横無尽に旋回する飛行機が交互に描かれているのも、こうした「サントス」の誕生秘話があるからなのです。そして、今でもCartierの一部の店舗で時計販売フロアの一角にひっそりと飛行機の模型が置かれているのは、そのルーツを大切にしているからなのでしょう。

左:
アルベルト・サントス・
デュモンの肖像、1918
右:
サントスのモナコでの
飛行、1902

Fairbnb.coop
Airbnbの課題から生まれた新サービス

「地元の人のように暮らす」を掲げる、民泊プラットフォームのAirbnbは、新しい旅行体験を提供するプラットフォームとして2008年に誕生し、そのサービスは世界各国に広がっています。一方で、低所得者が借りられるはずの賃貸物件がAirbnbの物件に置き換わったことでホームレスが急増したとして、アイルランドなどでは社会問題に発展しました。住民に長期で貸すよりも、観光客などに短期的に物件を貸し出した方が収益を得られると、多くの家主が判断したのです。これに対して、「家主がそう判断して何が悪いのか？」「そもそも原因は他にある」などの様々な意見や議論が各地で起こっていますが、その代替手段としてFairbnb.coop（フェアビーアンドビー・コープ）[87]という新たなサービスが誕生していることも注目すべきポイントです。

Fairbnb.coopは、2018年に誕生した民泊を通じた「地域活性化」を掲げる民泊プラットフォームです。Airbnbと大きく違うのは、企業ではなく、近隣住民や地域の事業主といったコミュニティによって運営されている点です。同サービスは、観光客が過剰に流入することで起きる物件価格の高騰や、住民の締め出しなどを防ぐため、物件の貸し出しで得た収益の一部を、現地のコミュニティや地元のプロジェクトに還元する仕組みを構築しています。さらに宿主ひとりにつき、貸し出せる物件をひとつに限定して現地コミュニティや短期賃貸住宅の市場への影響を最小限に抑える工夫をしています。

また、Airbnbも社会の声やニーズを反映し、地域の社会起業家やNPOなどに対する新しい寄付の形として、「SOCIAL IMPACT EXPERIENCES（社会貢献体験）」[88]と呼ばれるサービスを始めました。部屋の貸し借りに加えて、宿泊者が参加費を払えば誰でも地域のイベントやボランティアなどに参加できる仕組みです。現地の社会課題に取り組む社会起業家やNPOにとって、宿泊者の参加費が収益になるだけでなく、活動のプロモーションにもなります。Airbnbは同サービスにおいて手数料を一切取らず、体験による収益の100％を現地のコミュニティや非営利団体に寄付しています。

既に展開されているサービスの問題点や課題点から次の事業が生まれることがあります。既存のサービスの良い面だけでなく、課題とされている面に目を向けてみることで代替案を出すことができるのです。

EP.3   ファクトリエ
課題が次のビジネスモデルの種となる

生産者のこだわりを伝えるブランド

私たちは、産業革命以降の工業化やグローバル化の流れによる恩恵を様々な場面で享受しています。人件費の安い海外で製造することで、低価格でつくることが可能となったファストファッションと呼ばれる服もそのひとつです。このような背景もあり、日本のアパレル工場では倒産や人員削減が続いています。実際、国内で販売されているアパレル商品の国産比率が1990年の時点で50.1％あったのに対して、2014年になると3.0％まで一気に減少しました。事業所数においては、4分の1以下まで減っています[89]。また、大量生産された服は膨大な量の売れ残りを生み、それらが世界中で廃棄されていることも無視できない現実です。

しかし、こうしたファッション業界の影を照らす光となるブランドも誕生しています。例えば、「日本のものづくり（工場）から世界ブランドをつくる！」をスローガンに掲げるFactelier（以下、ファクトリエと表記）は、工業化やグローバル化とは真逆の、職人の情熱やこだわりを重視した経営を実践しています。創業者の山田敏夫さんは、「日本には世界の一流ブランドから信頼される高い技術を

もった工場が多数あるのに、ものづくりのブランドが少ない」と話します。この現状を変えるべく、ファクトリエは中間業者を介さずに工場と消費者をダイレクトに結びつけるD2C（Direct to Consumer）のビジネスモデルを構築し、工場がより多くの利益を得られるようにしました。それによって、「メイド・イン・ジャパンの工場直結型ファッションブランド」という新たなジャンルを切り拓いたのです。ファクトリエの独自性は 工場と消費者をつなぐショッピングサイトにも表れています。工場で働くつくり手の様子や服ができるまでのストーリーなどをサイトで掲載することで「つくり手の顔が見えるものづくり」を実現しています。商品ができ上がるまでのストーリーや生産者のこだわりを丁寧に取材して発信することで、安価ですぐに捨てられてしまうファストファッションとは一線を画した、「愛着をもって長く着続けられる服」というブランディングに成功しているのです。

産業の影が次の時代の光をつくる

歴史を顧みれば、ビジネスの世界では大小様々な光が生まれては消えていきました。光が強いほど、その影も大きくなります。例えば、第二次産業革命の旗手ともいえる自動車の登場によって、私たちは、速く快適に遠く

織り糸からこだわる
葛利毛織（くずりけおり）
工業、
ファクトリエHPより

へ移動する自由を手に入れました。自動車産業が大きくなるにつれ、自動車を製造する産業用ロボットの開発が進み、販売するディーラーやレンタル・リース、修理・メンテナンス業界といった自動車関連の様々な業種が生まれ発展してきました。しかし、それと同時に交通事故や温室効果ガスなどの社会問題も発生することとなったのです。都内を中心に交通網が整備されたことで都市全体の画一化が進み、街の個性がなくなってつまらなくなったという指摘もあります。ある産業が発展すると、その恩恵を受けるばかりでなく、様々な問題や課題が出てきます。ただ、こうした負の側面は、次の光となる産業を生むきっかけにもなります。すでに、交通事故であれば「自動運転」や「安全技術」、温室効果ガスであれば「クリーンエネルギー」や「サーキュラーエコノミー（廃棄物を資源として再利用する循環型経済）」などの技術や考え方が登場しています。ファストファッションに代表される大量生産・大量消費の課題や、自動車の排気ガスによる問題などから、あなたならどんなビジネスモデルを考案するでしょうか。

WORKSHOP

オルタナティブ・キャンドル
次の未開拓市場を想像する

INSEAD（欧州経営大学院）教授のW・チャン・キムとレネ・モボルニュは、著書『ブルー・オーシャン戦略 競争のない世界を創造する』（翻訳：有賀裕子、ランダムハウス講談社）の中で、血で血を洗う競争の激しい市場である「レッド・オーシャン」ではなく、競争の少ない未開拓市場である「ブルー・オーシャン」を切り拓くべきだと説いています。

AI、ブロックチェーン、IoTといった今注目されているキーワードや技術は、今後さらに多くの人の関心を集め、市場規模も大きくなることが予想されます。しかし、同時にその市場はレッド・オーシャンになりやすいともいえます。また、将来性が見込まれる市場だからといって、すべての企業がその市場に挑戦するための技術やリソースなどをもっているとは限りません。

ただ、経営者として成長が著しい領域の周辺市場を取っていきたい、もしくは自身が既に展開している事業とそれらを関連させた新規事業を創発したいという方も多いと思います。その際におすすめなのが、「オルタナティブ・キャンドル」という手法です。これは、成長が見込まれる産業や最新テクノロジーが今後社会に実装された場合に必要とされる周辺領域を想像し、ビジネスアイデアを創出するというものです。今後生まれるかもし

れない領域と既存事業を組み合わせて考えることも可能です。あくまでも思考訓練なので、課題の現実性よりも、想像力や妄想力を働かせてあらゆる可能性を思索してみましょう。例えば、「空飛ぶ自動運転車」が普及した際に、発生する問題や課題、必要とされる周辺領域にはどのようなものがあるか書き出してみましょう。

【空飛ぶ自動運転車が普及したら？】

・自動で動くので車内で暇になる？
⇒車内でくつろげる空間をつくるための、
　設備やエンタメ

・自動運転車が事故を起こした際の責任問題は
　どうなる？
⇒自動運転車向けの損害保険サービス

・自動運転車が空で混雑することで、
　綺麗な夜空が見えなくなる？
⇒夜空を演出するAR・MR（拡張現実・複合現実）

オルタナティブ・キャンドルによって、次の時代における未開拓の「事業」や「領域」に対するアンテナの感度を高めることができます。また、自社の意外な強みや今後の方向性を発見するのに役立ちます。

16

糸

変化の兆しを捉える

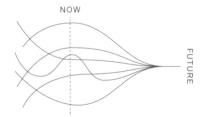

「われわれの人生は織り糸で織られているが、良い糸も悪い糸も混じっている」。そう語ったのは劇作家のウィリアム・シェイクスピアでした。未来は、テクノロジー・社会・政治・経済・思想などの複数の糸（要因）が複雑に絡み合って決まるので、それを“正確”に予測することはできません。しかし、今起きていることが未来へと繋がっていくため、現在の出来事をつぶさに観察することで、「変化の兆し」を発見できるのです。世の中をミクロとマクロ、トレンドの視点で注意深く眺めて、今後起こりうる複数のシナリオを想定しておくことが、将来への備えとなるのです。

KEYWORD
未来予測
鳥の目、虫の目、魚の目
シナリオ
ファクター（要因）

現在と未来は「糸（要因）」でつながっている

努力の方向を誤ると成果に結びつかない

万物は、火、空気、水、土の四元素から構成されるという、古代ギリシアの哲学者のアリストテレスの考えから派生して生まれたのが、卑金属を黄金に変成させようとする「錬金術」の試みでした。12世紀にはイスラム錬金術がラテン語に訳され、ヨーロッパでも盛んに研究されるようになったといわれています。金は古代より希少性が高いことから、権力の象徴として扱われてきました。誰もが手にしたいと願う金を、金以外の物質同士を混ぜ合わせて化学反応によってつくり出せないかと、様々な錬金術の試みが繰り返されてきました。

原子物理学が進展した現代では、卑金属から貴金属を生成することは理論的に不可能ではないといわれています。ただ、金のような物質を生み出すには、通常の化学反応を大きく超える核分裂や核融合を伴うエネルギーが必要だということが分かってきました。現代の科学から振り返れば、錬金術は科学的合理性からは程遠い迷信に近いものだったとされますが、当時の錬金術師が"無能"だったとはいい切れません。今では科学技術として応用されている核物質の存在も、当時はまだ認知されていなかったからです。私たちが錬金術から学べることは、方向性や方法を誤ったままに努力をしていると、求める"成果"に結びつかないことがあるという現実なのです。

3つの目で時代を眺める

"現代の錬金術師"にならないためにも、「木を見て森を見ず」という状況に陥るのを避けて、社会の変化を的確に捉えていく必要があります。昨今では、テクノロジーの急速な進化によって未来予測が一段と難しくなりました。オックスフォード大学などが毎年発表している、あるプロダクトが生まれてから世間に普及するまでの時間を調べた調査[90]を見るとプロダクトの普及・コモディティー化のスピードは年々劇的に速まっていることが分かります。また、リサーチ＆アドバイザリ企業であるGartner（ガートナー）が毎年発表している「先進テクノロジーのハイプ・サイクル」[91]からも、注目すべきテクノロジーは何か、それらのテクノロジーは今どのような時期（黎明期、過

度な期待のピーク期、幻滅期、啓蒙活動期、生産性の安定期）に差し掛かっているの
かを知ることができますが、印象的なのは、その顔触れがたった1年で大きく変わる
点です。世の中にインパクトを与えるプロダクトやサービスが瞬く間に普及し、すぐ
に市場から姿を消します。これらのレポートが示すように、テクノロジーの進化によっ
て流行り廃りのサイクルが劇的に速まっているのです。

例えば、カメラ市場ひとつをとっても、数十年の変化が目まぐるしいことが分かりま
す。20年ほど前にデジタルカメラが登場して以来、一部のマニアを除きフィルムカ
メラを使う人はほとんど見かけなくなりました。そして、ここ数年ではスマートフォ
ンに内蔵されたカメラ技術が向上してスマートフォンでの撮影が主流となったことで、
写真加工用のアプリやInstagramに代表される写真共有アプリが登場。この先もデジ
タル化の波が止まらないかのように見えましたが、ここへきて時代と逆行するかのよ
うに、レトロな写真が撮れるインスタントカメラが人気となっています。カメラ市場
だけでなく、昨今の新型コロナウイルスによる外出自粛のように、予期せぬ出来事に
よって劇的に日常の生活スタイルが変わってしまうこともあるのです。

未来を"正確に"予測することは不可能ですが、未来に対する見通しが全く立たない
というわけではありません。未来は、現在のテクノロジーや社会、政治、経済、思想
など、多様な「糸（要因）」が絡み合って構成されていきます。つまり、未来を形づく
る糸は、現在から繋がっているのです。未来へと移行する「変化の兆し」を敏感にキャッ
チするためには、ミクロで見る「虫の目」、俯瞰して眺める「鳥の目」、トレンドを読
む「魚の目」が必要とされます。事実に基づく複眼的な視点を鍛えることで、時代を
柔軟に生き抜くことができるのです。

EP.1

2025年大阪・関西万博誘致計画案
未来都市を疑似体験するアート作品

1851年に開催された、世界初の万博ともいわれる第1回ロンドン万国博覧会の入場者数は、延べ約600万人を記録しました。この数は当時のイギリスの総人口の約3分の1、ロンドンの人口の約3倍にもなります。万博開催によって、イギリスは18世紀末の産業革命による圧倒的な工業力を世界に知らしめたのです。現代に翻って、2025年に大阪・夢洲(ゆめしま)で、「いのち輝く未来社会のデザイン」というテーマで万国博覧会の開催が予定されています。2019年11月〜2020年3月に東京・六本木にある森美術館で開催された『未来と芸術展：AI、ロボット、都市、生命——人は明日どう生きるのか』では、『2025年大阪・関西万博誘致計画案』[92]と題した作品が展示されました。これは、AR・MR(拡張現実・複合現実)、

AIなどの「最新テクノロジーが社会に実装された後の、都市空間や共有地とは何か?」を問いかける作品として、建築デザイン事務所noizとデジタル世界の表現に長けたクリエイティブ集団PARTYによって制作されたものです。

彼らが表現する未来の都市には「中心」と呼べるような場所がありません。『2025年大阪・関西万博誘致計画案』では、「非中心」「離散」などをキーワードに、多様な個や集団が分散化されつつも、都市全体としては最適化されている次世代の都市モデルが提案されました。万博会場の大型模型やプロジェクションマッピングによる映像などで構成される同作品は、ARスクリーンの前に立つ観客を検知し、サウンドと共に都市の情報がインタラクティブに可視化されていきます。まさに「物理世界」とインターネットなどに代表される「情報世界」、その中間領域となる「コモン・グラウンド(共有基盤)」からなる社会を疑似体験できる作品となっています。こうした現実世界では見ることのできない、都市に関わる"情報の動き"を映像や音などを通して体感することで、未来の都市が向かう先やそこで暮らす私たちの生活を想像する、ひとつのきっかけとなるのです。

森美術館で展示された『2025年大阪・関西万博誘致計画案』、noiz、PARTY、2019

アリババ　　　　　　　　　　　　　　　　　　　　　　　　　　　**EP.2**
AIがコントロールする未来都市

noizとPARTYが『2025年大阪・関西万博誘致計画案』で示した、多様な個や集団が分散化されつつも、全体としては最適化されている未来都市のありかたを現実のものにしようとしている企業があります。中国のアマゾンともいわれるAlibaba（以下、アリババと表記）です。アリババは、創業者のジャック・マーがたった一代で育てあげた巨大なショッピングサイトですが、現在ではショッピングサイトを超えた多様な領域へと事業範囲を拡大させています。

アリババの本社がある中国の杭州（こうしゅう）では、都市のビッグデータ（ビデオ映像や各種センサーから収集する天候や人口、交通事故、交通量などの膨大なデータ）をアリババのAI「ETシティブレイン」が分析して都市全体の最適化を行っています。中国にある信号機の多くは、日本にあるのと同様に、時間や手押しボタンで制御されているのですが、杭州では都市全体のビッグデータをもとに渋滞の原因をAIが分析し、街中の信号機をリアルタイムで最適化することで渋滞を緩和させているのです。これにより、優先順位の高い警察や消防、救急などの緊急対応車両が1秒でも早く現場に到着することができるようになるといいます。実際に杭州では、緊急対応車両が現場に到着する時間がこれまでのおよそ半分になり、道路の通行速度も15％アップしたそうです[93]。また、都市のビッグデータを活用することで特定地域の乗客の遅延率をリアルタイムでモニタリングし、電車などの収容キャパシティを推測して最適化することが可能になります。例えば、移動の需要と供給の比率に基づいてバスの本数を調整する、往復経路を決定してタクシーの配車を制御することで、都市の主要地点や交通ハブにおける遅延率を最小限に抑えられるのです。こうした杭州での取り組みは、今後世界へと拡がっていくことが予想されます。

杭州でのAIによる都市の管理統制の試みも、ある日突然生まれたものではありません。中国の渋滞問題や、急速に成長し莫大な資金をもつアリババというベンチャー企業の登場、中国共産党の一党体制、AIなどのテクノロジーの進化、といった複数の糸（要因）が絡み合って生まれた結果だといえます。未来の都市がどうなるのかは正確に予測できませんが、今後のAI技術の進展や都市の問題などの要因をつぶさに観察していくことで、点と点が繋がり、線になって見えてくるのです。

EP.3   Libra
27億ユーザーを抱える企業の通貨

GAFAが通貨を発行したら？

私たちの生活に欠かせない通貨も変化の荒波の中にいます。通貨は、「人類が発明したものの中で最も偉大なものだ」と語る人もいるほど社会に浸透しています。長い歴史で見ると、通貨が登場したことで私たちはものの交換を飛躍的に効率化させることができるようになりました。かつての物々交換が主流であった世界では、「布」を持っている人が「米」と交換しようと思っても、「米」を持っている人が「布」を欲しがらなければ交換は成立しませんでした。通貨があることで、欲しいものを欲しいタイミングで手にすることができるようになったのです。しかし、情勢が不安定な国では紙幣の価値の変動が激しく、世界規模で見ると、その国の通貨がただ（無価

値）同然となる現象（ハイパーインフレーション）が起きることもあります。そうした通貨の価値や信頼性をテクノロジーで担保しようという様々な試みがなされています。その一例として、世界最大のSNS（ソーシャル・ネットワーキング・サービス）であるFacebookが「Libra（リブラ）」[94] と呼ばれる独自の通貨を発行しようと試みた、グローバル・ブロックチェーン・プロジェクトがあります。この試みは、同社のCEOであるマーク・ザッカーバーグが米国議会の公聴会に出席したことでも話題となりました。27億人にも上るユーザーを抱える大企業が通貨を発行したら、一体どうなるのでしょうか。「GAFA」と呼ばれる、Google、Apple、Facebook、Amazonといった世界時価総額ランキングの上位を占める大企業の通貨の方が、小さな国の中央銀

Facebookのデジタル通貨「Libra」ロゴマーク

行が発行する通貨よりも信用力は高くなるかもしれません。また、GAFAは私たちの生活に深く根づいていることから、彼らの通貨を使うことの利便性は十分にありそうです。

金融インフラをすべての人へ

Libra協会は、「多くの人びとに力を与える、シンプルで国境のないグローバルな通貨、および金融インフラ」をミッションに掲げています。世界銀行の推計によると、世界には17億人ものアンバンクト（銀行口座を持たない成人）がいるとされています。しかし、銀行口座がない人であっても携帯電話は11億人もの人たちが持っている時代です。この数字はアンバンクトの人口の3分の2に相当します。つまり、Libraのようなデジタル通貨が生まれれば、銀行口座を持たない人たちにとってのメリットは大きく、生活水準の向上や貧困問題の解決に貢献することができる可能性があるのです。Libraプロジェクトの内容を記した「ホワイトペーパー」には、Libraの取り組みが、金融アクセスが制限されている人々へのエンパワーメント（能力開花）を主軸としていることが明記されています。アンバンクトの多いアフリカ諸国のように政府の信用力が比較的低い国では、偽札などが市場に多く出まわっているため、日本以上にデジタル通貨が普及しています。例えば、ケニアでは、2007年に開始された「M-Pesa（エムペサ）」と呼ばれるモバイル決済サービスが生活の隅々まで根づいています。このようにデジタル通貨は社会的な観点からも待ち望まれていることから、Libra協会のメンバーには、民間企業だけなく、発展途上国の小規模事業者に対するマイクロファイナンス（少額融資）を行うKiva（キーヴァ）や、低所得の女性を支援するWomen's World BankingなどのNPOも名を連ねているのです。

今後通貨がどのような形で進化を遂げるのか、その全貌は誰も正確に予測することはできないでしょう。Libraプロジェクトもマネーロンダリング（資金洗浄）などのリスクや、政府がもつ通貨発行権を脅かす存在になるかもしれないことから、米政府の承認を得られず、当初メンバーであったMastercard、PayPal、Visa、eBay、Vodafone Groupなどが協会から脱退しています。このように、新しい通貨の試みは途中で頓挫することがあるかもしれません。ただ、こうした新しいデジタル通貨の動向をモニタリングすることで、次なる金融インフラの大きな潮目の変化を早期にキャッチすることはできるはずです。

WORKSHOP

シナリオプランニング
具体的な仮定と対策で未来に備える

因果関係が複雑に絡み合い、目まぐるしく変化する現代では、過去から続く線形的な未来予測の価値は下がっているといわれています。一方で、注目されているのが「シナリオプランニング」という手法です。これは、漠然とした未来を予測するのではなく、具体的な仮定と対策を考える方法で、元々は軍事の世界などで発展してきました。例えば、「右から敵が来たとき」「隠された武器があったとき」など、いく通りもの具体的なシナリオを想定し、予め作戦を立てておくやり方です。

シナリオプランニングは、ビジネスの領域でも活用できます。サービスを展開する上で「主要なファクター（要因）は何か？」また、それが「今後どのように推移しうるのか？」をポジティブシナリオとネガティブシナリオの両方でグラデーションのようにして捉えながら考察していきます。

例えば、世界規模でビジネスを展開するような大企業であれば、温暖化対策の新しい枠組みを取り決めたパリ協定などに基づき、地球温暖化が「1℃進んだケース」「1.5℃進んだケース」「2℃進んだケース」といったように、温暖化の進行度合いから今後どのような規制があるか、企業の経営にどう影響が出るのか？　を考えみてはいかがでしょうか。

また、IT関係のビジネスを展開する企業であれば、個人情報保護の高まりから欧州などを中心に話題となっている、ネットの利用履歴を一時的に保存するCookie（クッキー）の利用制限の規制が今後どうなるかについて考えてみてもよいかもしれません。Cookieの利用が「全面禁止」「部分的禁止」といったように規制の度合いを仮定し、それに応じて企業の取るべきアクションを想定していきます。

実際に温暖化の進み具合や個人情報の規制動向がどうなるかは誰にも分かりませんが、予め対策を検討している企業と事後に対策する企業では、対処のスピードが格段に変わります。軍事作戦さながらに、シナリオプランニングを通して事業に重要なインパクトを及ぼすと予想される要因や、今後の対応策を具体的に洗い出し、思考実験を繰り返しておくことで、いざというときに迅速かつ冷静に対処することができるのです。

[シナリオプランニングのイメージ]

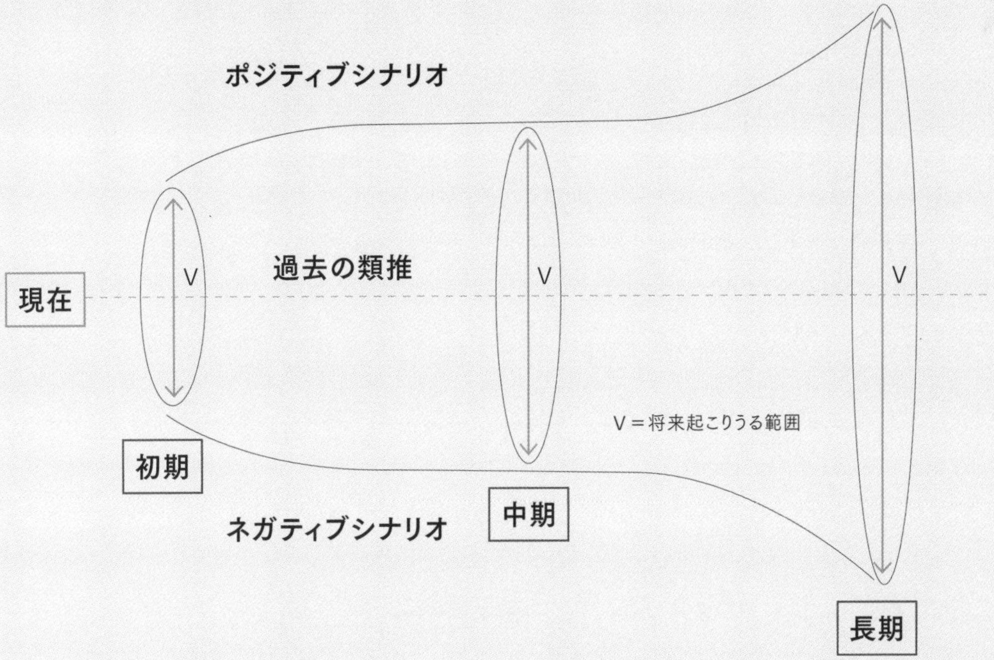
ポジティブシナリオ
過去の類推
現在
V
V
V
V＝将来起こりうる範囲
初期
中期
長期
ネガティブシナリオ

あそびを取り入れよう！❸

「制約」が創造性を高める

制約が遊びを豊かにする

遊びというと自由の象徴のように感じるかもしれません。しかし、遊びの多くは様々な制約の中で成り立っています。例えば、囲碁は黒と白の碁を交互に打つという「基本ルール」から、対局中に前の人を攻撃したり、碁盤をひっくり返したりしてはいけないといった常識に近い「禁止事項」まで、多くの制約の中で初めて成り立つ遊びです。自由度が高ければ高いほど、より面白く楽しい遊びが生まれるかというとそうではないのです。遊びを豊かにする要素は、実は「ルール」や「制約」の方にあるのかもしれません。

クリエイティビティーは、制約の中でこそ発揮されるということを学術的に説いたのが、ロナルド・A・フィンケ教授です。彼は被験者を集めてある実験を行いました。まず被験者に対して、立方体や球など15種類の単純な形状のパーツを見せて、それらを組み合わせて家具やおもちゃ、武器などのデザインをつくるように命じました。そして、被験者がつくったデザインやアイデアを第三者に「独創性（originality）」と「実用性（practicality）」の2つの観点で評価してもらったところ、「制約を設けた方が、創造性が高い」という結果が導き出されたのだそうです。この実験の詳細は、彼の論文「CREATIVE INFERENCE IN IMAGERY AND INVENTION」[95]にまとめられていますが、フィンケ教授の研究を簡単にいうならば、自由に発想してデザインしてと依頼されるよりも、「球」と「車輪」と「立方体」

などの具体的なパーツを組み合わせてデザインして、と頼まれる方が創造性が発揮されるということです。人は一定の制約を設けた中で創造する方が、クリエイティビティーを発揮しやすいのです。

目標を達成するための条件を設ける

ビジネスにおいても予め「ルール」や「制約」を設ける方が、創造性をより発揮することができるのかもしれません。その一例に、世界的に大ヒットしたウェアラブルカメラの「GoPro（ゴープロ）」の事例を紹介します。GoProのCEOであるニック・ウッドマンは、自身がサーファーだったことから、波に乗っている自分の様子を迫力ある高画質で残したいという思いをもち、新しいカメラの開発に着手しました。この挑戦は、35mmフィルムを使った防水性能を備える「使い捨てカメラ」を輪ゴムで腕に巻いたところから始まったそうです。開発過程でニック・ウッドマンは、「水に濡れても壊れないもの」「大きく振動しても壊れないもの」「片手を空けていても記録できるもの」「自分が経験した映像を他人にも共有できるもの」「持ち運びが容易なもの」など、プレイヤー視点で撮影するカメラという目的を達成するための具体的な「制約（条件）」を課したといいます。その制約をクリアするようにアイデアを形にしていったところ、従来のカメラのように撮影時に撮影画面が"見える"必要はないことに気づき、自分自身の頭にカメラをつけて撮影する「見えないカメラ」のアイデアが生まれたそうで

す。制約を設けることで逆にこれまで縛られてきた常識から解放され、創意工夫を存分に発揮することができたのです。こうして誕生したカメラは、臨場感のある動画をプロのように撮れることから、「GoPro（プロになる）」と名づけられました。このように、「制約」は私たちの創造性を制限するのではなく、むしろ高めるきっかけを与えてくれるものなのです。

ロナルド・A・フィンケの研究『CREATIVE INFERENCE IN IMAGERY AND INVENTION』の図版を参考に作成したパーツのイメージ

17

羅針盤

顧客を見つける

ビジネスの本来の目的は「顧客の創造」にあります。不便・不満など、あらゆる"不"の文字がつく困りごとの解決こそが顧客の創造につながるのです。2015年には、国連で持続可能な開発目標「SDGs」という具体的な行動指針が掲げられました。そして、企業もビジネスの原点に立ち返ることが求められています。「もし私が羅針盤をもっていたら、この嵐だってなにほどのこともありませんし、もし私に良心というものがあれば、いくら大事件が起こっても、びくともするものではありません」。詩人、ヴィクトル・ユーゴーの残した言葉のように「指針」があってこそ、経営や事業創発の「舵」がとれるのです。

SOCIAL ISSUE

KEYWORD
顧客の創造
社会課題、SDGs
三方良しのビジネス
持続可能性

「三方良し」のビジネスを考える

SDGsはビジネスチャンスの宝庫

貧困、格差、気候変動、医療アクセス、安全な水、ジェンダー、教育、少子高齢化、空き家、孤独死、重要資源の逼迫、ゴミ、戦争・紛争、干ばつ、難民……。テクノロジーが発展して便利になったといわれる現代でも大小様々な社会課題が山積となっています。従来、こうした課題に取り組む主体者は、公的な役割を担う政府やNPO・NGOが中心でした。しかし、税金や募金・ボランティアを原資とした社会課題の解決には自ずと限界があるため、民間企業による継続的なビジネスでの解決が必要とされてきています。2015年に開催された国連サミットでは、2030年にどのような世界を実現したいかをまとめた「我々の世界を変革する：持続可能な開発のための2030アジェンダ」が採択されました。このアジェンダ（行動計画）の中核をなすのは、「貧困をなくそう」「飢餓をゼロに」などの17の目標と169のターゲット、232の指標からなる持続可能な開発目標「SDGs（Sustainable Development Goals）」です。国際社会全体の"指針"として掲げられたSDGsでは、社会課題解決の主体として、政府やNPOだけでなく民間企業にも積極的な役割を求めています。

ビジネス創発の原点として、創業者の思いやビジョンは重要だと述べてきましたが、すべての人が内側から湧き上がる強い思いや明確なビジョンをもっているとは限りません。内側からの思いやビジョンがないときには、外側から求められるニーズを指針に掲げてみるのも、ひとつの手です。すぐにビジネスが思い浮かばない場合、事業の種となる目的やアイデアをSDGsを切り口に探してみてはいかがでしょうか。ピーター・ドラッカーは、「企業活動の目的は『顧客の創造』であり、事業上の最大の機会は新技術・新製品・新サービスではなく『社会課題の解決』、すなわち『社会的イノベーション』である」と説きました。冒頭に挙げた未解決の社会課題も、見方を変えればビジネスチャンスと捉えることができます。それらをより分かり易く分類したSDGsは、新規事業を考える上でのアイデアの宝庫といえるでしょう。

社会から望まれるビジネス

技術力に自信をもつ日系企業に陥りがちなのが、技術起点に寄りすぎたビジネスの創発です。「このテクノロジーを活かして！」という気持ちで新規事業を考えるのも大切ですが、技術の活用自体を目的にしてしまうと、その先にある解決すべき顧客の本当の課題やニーズを取りこぼしてしまいます。日本には古くから「三方良し」が商売繁盛の秘訣である、という近江商人の心得があります。売り手と買い手が共に満足し、社会貢献も同時にできるビジネスが最も成長するのだという意味の言葉です。売り手良し、買い手良し、世間良し、を達成するビジネスを考えるためには、技術起点だけでなく、社会起点を取り入れてみるとよいでしょう。そして、SDGsに代表されるような社会課題を因数分解して掘り下げ、自社サービスで解決できないかを探ってみることで、本当に必要とされるサービスやプロダクトの開発に繋げることができるのです。

また、日本では少子高齢化による人手不足が深刻化していく中で、いかに若く優秀な人材を集めることができるかが会社の命運を分けるといっても過言ではありません。ミレニアル世代と呼ばれる2000年代に成人あるいは社会人になった人たちや、さらに若い、1990年代後半以降に生まれたZ世代は、生まれたときからインターネットなどのサービスが備わっている「飢えていない世代」ともいわれます。彼らは仕事に対して単に給料が良いからという理由だけではなく、働く「意義」や「社会性」を求める割合が他の世代に比べて高い傾向があります。ミレニアル世代やZ世代、これから生まれる世代に向けて企業の魅力を伝えていくためにも、社会課題の解決や社会貢献をビジョンのひとつに掲げてみてはいかがでしょうか。

EP.1   **グラミン銀行**
貧困層を「顧客」にした金融サービス

社会課題を起点にしたビジネスで、世界から大きな評価を受けたものにグラミン銀行があります。グラミン銀行は、バングラデシュのチッタゴン大学の教授であったムハマド・ユヌス博士が、1976年頃に大学と隣接するジョブラ村で貧困層をグループ化して融資を行った、パイロット・プロジェクトに起源があるといわれています。貧困層の多くは、返済能力の欠如などを理由にお金を借りることができないために教育やビジネスにお金をまわすことができず、結果として貧困が固定化してしまうという悪循環に陥っていました。そこでユヌス博士は、お金を無駄遣いしにくい子育て中の女性に着目し、彼女たちをグループ化して少額の融資を行うという新しいモデルを構築したのです。それまで貧困層にお金を貸してもきっと返さないだろうという固定観念がありましたが、環境やスキームを整備することで貧困層もしっかりとルールを守る「顧客」となることを、ユヌス博士は証明したのです。こうしたマイクロファイナンス（小規模な金融サービス）といわれる領域の功績が認められ、ユヌス博士はノーベル平和賞を受賞しました。マイクロファイナンスは、すべての人が金融サービスの恩恵を受けられることを目指す「ファイナンシャル・インクルージョン（金融包摂）」の取り組みのひとつです。

国内で生活する日本人の場合、金融サービスの恩恵は社会インフラの「前提」と捉える傾向がありますが、外国人労働者や海外からの技能実習生に目を向けてみると、日本の金融サービスにおける別の側面が見えてきます。例えば、銀行口座開設の手続きや資料はほとんどが日本語のみで書かれています。これには、マネーロンダリングのリスクやコミュニケーションコストがかかるなどの理由から、外国人の口座開設は邦銀からするとリスクが高く割に合わないという本音があります。つまり、低所得の外国人が口座を開設する前提で日本の銀行は運営されていないのです。しかし、厚生労働省のデータによれば2012年時点で68.2万人だった外国人労働者は、2018年時点で146万人に達しました[96]。そして、長いスパンで見れば今後も増えていくことが予想されます。このような社会的背景を踏まえて、外国人労働者が銀行口座を開設しなくても給与を受け取れる、ペイロールカード制度を解禁するなどの議論が厚生労働省を中心に進展しています。「日本に住む外国人労働者」といった特定のユーザーの困りごとや直面する課題、そうした社会問題に対する今後の政府の方針や規制緩和などから、次の大きなビジネスチャンスが見つけることができるかもしれません。

Global Mobility Service

<u>EP.2</u>

働いたデータが金融アクセスの向上になる

アジアやアフリカなどの発展途上国を訪れると、バイクやタクシー運転手による客引き営業をよく目にします。このような仕事に従事する人たちの多くは車やバイクを所有しているわけではなく、オーナーから借りて営業をしています。そのため、運転で得た料金の一部をオーナーに返済しなければならず、お金が貯まらないという構造上の問題を抱えているのです。彼らのように、車を買いたくても買えない人々は世界に約17億人もいるといわれています。もしも、金融機関で正当な利率でローンを組んで車やバイクを購入できれば、彼らの生活は劇的に良くなるはずです。しかし、車やバイクを購入するローンのための与信審査を受けても既存の金融機関では、まず通らないでしょう。マイクロファイナンスを利用するとしても、車やバイクの場合は貸付金額が大きいのが問題です。

こうした社会課題に目を向けてファイナンシャル・インクルージョンに取り組む企業に、Global Mobility Service（以下、GMSと表記）があります。GMSは、車両販売店、金融機関、顧客を繋いで、ローンの与信審査を通過しない人でもローンが組める仕組みを構築しています。同社が提供するのは、車両に最先端のIoTデバイス「MCCS」を搭載するこ

GMS社員と
トライシクルドライバー

とで使用者の行動履歴を収集し、"真面目に働いている"ことを証明できるサービスです。MCCSを搭載すれば、料金の支払いが滞った場合には車両の起動を遠隔で制御し、入金を催促することができるため、金融機関側のリスクである貸し倒れを防ぐことができます。「真面目に働く人が正しく評価される仕組み」の創造こそが、GMSの志す世界観です。テクノロジーによって働いた実績が証明されることで社会的信用が生まれ、ローンなどの金融アクセスの向上に繋がります。また、ローンで車を購入できるようになれば、雇用を生み出せるようになります。このように最先端のテクノロジーによって、貧困問題を解決するひとつのきっかけが得られるのです。

Takram

未来の「水筒」をデザインする

海面上昇、放射能汚染、有害物質の放出など、人類が絶滅の危機に瀕するほどの極限環境を想定して「水筒」のデザインに取り組んだのは、デザイン・イノベーション・ファームのTakram（タクラム）です。Takramは、水質汚染などにより供給可能な水が極端に限られた世界では、現状の延長線上にある「水筒」のデザインを考えること自体が非現実的だという結論を導き出しました。このような差し迫った環境下では、人間の生存に欠かせない「水」自体が貴重な資源になるからです。そこで、人間が1日に排泄・排出する水分を極限まで少なくできれば、人体が必要とする水分を少なくできるのではないかと考えたTakramは、「未来の荒廃した世界における水筒」をテーマに、『Shenu: Hydrolemic System』[97]という人工臓器を含む一連のプロダクト群を製作しました。これらは、2012年にドイツで開催された現代美術展「dOCUMENTA 13（ドクメンタ13）」にアート作品としても出展されました。この一連のプロダクトは、鼻からの呼気に含まれる水分を結露させて体内にとどめる鼻腔内器具や、血液の温度を一定に保ち、発汗を抑制するための人工血管、膀胱内の尿を極限まで凝縮し、吸収した水分を腎臓に返す膀胱内器具、大便に含まれる水分を効率的に大腸に吸収させる直腸内器具などで構成されています。Takramは、人間の体を「水筒」と捉えて生存に必要な水を効率よく循環させるための人工臓器の提案をしたのです。このように、将来起こるかもしれない社会課題を先回りして考えてみることで、現代の延長線上では思いつかない斬新な発想の解決策が浮かぶかもしれません。

余談ですが、社会課題へ挑戦することの重要性を説いた「3人の石切り職人」という寓話があります。ある旅人が、3人の石切り職人に何をしているのかを訪ねてまわるというお話です。1人目の男は、「仕事しているに決まっているだろ！ これで生計を立てているのさ」と不機嫌そうに答えました。2人目の男は、黙々と作業しながら「国で一番腕のある石切り職人になるんだ！」と息張っています。そして、最後の3人目の男は「人々に癒しを与える、大寺院をつくっているんだ」と誇らしげに答えました。あなたなら、どの石切り職人を応援したいと思いますか？ 3人目の男が答えたような「大きな（社会的意義のある）目的の達成」のための取り組みは、そのビジョンに共感した人たちから多くの支援を得られることが多いため、結果としてビジネスが成功する可能性が高いのです。

オセアニックス・シティ
海面上昇の問題から「水上都市」を考える

EP.4

地球温暖化による気候変動の影響で、海面上昇が進み、今世紀末までに海水面が少なくとも約65cm上昇する可能性があることを受け、国際連合人間居住計画（国連ハビタット）による、「水上都市」の実現性を検討する会議が国連本部で開かれました。この会議で検討されたのが、「Oceanix City（以下、オセアニックス・シティと表記）」[98]と呼ばれる、デンマークの建築家ビャルケ・インゲルスにより考案された、モジュール型水上都市モデルです。「世界のベストレストラン50」で3年連続で世界一に輝いたNoma（→p116）の料理長、レネ・レゼピのコペンハーゲンにある自宅も彼が手掛けたものです。社会課題を起因として建築やコミュニティーの未来を考えるビャルケ・インゲルスは、海面上昇によって今後どのような建築やコミュニティーが求められるかを、国連やマサチューセッツ工科大学の専門家たちと協力して考察し、エネルギー、水資源、食料、廃棄物の流れを制御することで海上での生活を可能にするオセアニックス・シティを設計・提案しました。

オセアニックス・シティは、広さが約18,000平方メートル、最大300人が居住できる六角形の浮遊式プラットフォームをつなぎ合わせてつくられた水上都市です。すべて

水上都市計画「Oceanix City」のイメージ、2019

のプラットフォームは、この水上都市を持続可能なものにするための役割、水耕栽培用の温室や魚貝類の養殖場所、再生可能エネルギーを動力源とした海水淡水化施設などを担います。オセアニックス・シティの住民たちは、こうした100％再生可能なエネルギーだけを利用し、植物由来の食物を食べることで、廃棄物を出さない持続可能な生活を送ることができるといいます。今後、危惧されている海面上昇の問題がより現実的なものとなり、オセアニックス・シティのような未来都市が、実際に誕生するかもしれません。起こりうる地球規模の災害や環境変化を想像して全く新しい未来の都市やコミュニティー像を描くことも、面白い試みのひとつになるのではないでしょうか。

WORKSHOP

SDG s ワークショップ
自社の強みと社会課題を組み合わせる

社会課題を起点としたビジネスアイデアを考える際におすすめなのが、SDGsで掲げられた目標と自社や協力会社の強みを組み合わせて一体何ができるかを考察する「SDGsワークショップ」です。

まずは、17の目標と169のターゲット、232の指標からなるSDGsの文書をダウンロードしてみましょう[99]。国連サイトなどから日本語版を入手することもできます。次に、自社や協力会社の強みを活かせる領域はどこかで優先順位をつけて、どの目標にフォーカスするのかを決めます。

例えば、自動車関連のビジネスを展開している企業であれば、SDGsの「目標3：すべての人に健康と福祉を」のターゲット6に明記されている、「世界の道路交通事故による死傷者を半減させる」というゴールに着目してみます。このゴールに向かって、自社のリソース（強み）で貢献できることを考えてみましょう。また、協力会社のリソースと合わせて、どんなサービスやソリューションが生み出せるかを検討してみるのも効果的です。さらに、SDGsに記載された目標やターゲットをそのまま用いるだけではなく、そこから連想される他の社会課題を洗い出し、組み合せの数を増やすこともできます。社内の企画会議などに取り入れることで自社や協力会社の強みを活かした、社会課題に貢献するビジネスモデルを考案できるかもしれません。

18

歴史書

過去からヒントを得る

イギリス元首相のウィンストン・チャーチルは、「過去をより遠くまで振り返ることができれば、未来もそれだけ遠くまで見渡せるだろう」という言葉を残しました。これは、未来を予測するばかりでなく、これまでの「長い歴史」や「遠い過去」にも目を向けることの大切さを教えてくれる言葉です。私たちの生活の中には、長く愛されるものや昔から変わらないものがたくさんあります。また、それらのルーツを辿ってみると、現代とは異なる意味を含むものが多いことが分かります。偉大な先人たちによる発見や伝統は人類共通の財産です。過去からの長い時間軸で考えてみましょう。

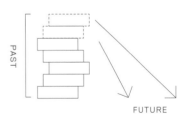

KEYWORD
過去、歴史
ルーツ
伝統
普遍性

遠い過去を振り返って、遠い未来を想像する

未来は"背後"にある？　過去は"前"にある？

何の変哲もない頭程度の大きさの石でも、5万〜10万年の歴史をもつものがざらにあるといいます。普段あまり意識することはありませんが、私たちは"歴史的なもの"に囲まれて生活しているのです。四国の直島にある李禹煥美術館には、「石」にまつわる作品が展示されています。それは、もの派と評される現代アートの動向の中で中心的な役割を担ってきた、美術家の李禹煥の『関係項 - 石の影』という作品で、自然の石の影に、その石の歩みを表す自然風景の映像を照射したインスタレーションです。投影された映像を眺めながら、石がもつ長い歴史を擬似体験することができます。

日本では歴史を"振り返る"といいますが、古代ギリシャでは日本人のイメージとは逆で、過去と現在は目の前に広がっていて見ることのできるもの、見ることのできない未来は私たちの背後にあるものと考えられていました。時間とは何かを問うミヒャエル・エンデの名作『モモ』の中にも、古代ギリシャの時間に関する考え方と似た描写があります。『モモ』は、「時間どろぼう」と呼ばれる男たちと主人公のモモとの戦いを描いた物語です。モモが時間どろぼうたちに追いかけられ、ついに捕まってしまうのではないかというクライマックスの場面に差し掛かったときに登場するのが、"後ろ向きに進むと前に進める"という不思議な小路です。未来は前にあるものと信じる時間どろぼうたちは、いくら走っても前に進むことができず、そのからくりに気づいたモモは、危機一髪で難を逃れることができるのです。

古代ギリシャでは、未来を覗くことができるのは特殊な能力をもった預言者だけだと信じられていました。私たちは預言者のように未来を覗くことはできませんが、モモのように後ろを振り返って進むことで、前進することもあります。これまでの過去の伝統や歴史から、現在までの"軌跡"を注意深く観察することで、未来に活かせる情報を見つけられるかもしれないのです。

変わらないものを見つける

ファッションの歴史は長いため、ファッションデザイナーは過去のトレンドから着想を得ることがよくあります。2018年に公開されたスーパーヒーロー映画『ブラックパンサー』の衣装デザインを手掛け、アカデミー衣装デザイン賞に輝いた衣装デザイナーのルース・カーターは、過去の多様なアフリカの民族衣装から、映画に登場する"遠い未来のアフリカ人の服装"を思いついたと語っています[100]。また、1992年に公開された『ドラキュラ』（監督：フランシス・フォード・コッポラ）でアカデミー衣装デザイン賞を受賞し、2012年の映画『白雪姫と鏡の女王』（監督：ターセム・シン）でも同賞にノミネートされたファッションデザイナーの石岡瑛子さんも、グリム童話に登場する白雪姫が"お姫様からヒーローへ"と成長する『白雪姫と鏡の女王』の斬新な内容から、同映画のファッションコンセプトを「ハイブリッド・クラシック」とし、衣装制作の際に16世紀の古いドレスからデザインのヒントを得たといいます[101]。そして、ISSEY MIYAKEというブランド名で世界的に活躍するデザイナーの三宅一生さんも、日本の着物やインドのサリーなどの美しさに"普遍性"を見出し、「一枚の布」という衣服の根源的な価値を追求してきました。三宅さんは他にも、400年以上も続く日本の伝統芸能のひとつである歌舞伎の衣装からヒントを得て、モーリス・ベジャールのバレエ作品『Casta Diva（カスタ・ディーヴァ）』に用いる衣装をデザインしています[102]。

こうした、国際的に評価の高い3人のファッションデザイナーたちは、作風こそ全く違うものの、それぞれ「過去の歴史」や「伝統」からデザインのヒントを得ていることが分かります。数十年単位で振り返れば変化の激しい時代ですが、長い歴史の中で見ていくと人間の本質はあまり変わっていないのかもしれません。先が見えないからこそ、「変わらないものは何か？」を過去の歴史や伝統から見つける必要があると感じています。

EP.1

オリンピック

4年に一度の祭典を彩るデザインとは？

近代オリンピックは、1896年から続く世界的なスポーツの祭典です。その前身は、古代ギリシャで行われていたオリンピア祭典競技、いわゆる古代オリンピックでした。現代のオリンピックは世界平和を目的としているのに対して、古代オリンピックはギリシャを中心にしたヘレニズム文化圏の宗教行事だったといわれています。4年に一度の祭典であるオリンピックは、開催国が国の威信をかけて成功させるものという習慣が根づいていて、日本も「東京2020オリンピック・パラリンピック」（以下、東京2020オリンピックと表記）の開催に向けて、国を代表するトップクリエイターたちがその叡智を結集させています。そんなオリンピックにおけるデザインは、国を越えて歴史や伝統、風土などが参照されています。例えば、東京2020オリンピックの

顔ともいえるエンブレムは、合計14,599件の応募の中から、日本の伝統を巧みに取り入れた「組市松紋」と呼ばれるデザインが選ばれました。組市松紋は、格子模様のひとつである市松模様から着想を得て作成されています。2色の四角形を交互に配した市松模様は、柄が途切れることなく続いていくことから繁栄の意味が込められた縁起の良い模様です。採用された組市松紋は、同じ形が繰り返される市松模様に対して、形の異なる3種類の四角形45枚を組み合わせることで国や文化、思想の違いなどを表現しています。また、それらが円を描くようにつながるデザインには、「多様性と調和」のメッセージが込められているといいます。他にも、デザイナーの吉岡徳仁さんが手掛けた東京2020オリンピックの聖火リレーに使われるトーチのモチーフになったのは、日本人にとって馴染みの深い「桜」でした。熱伝導性の高いアルミニウムを日本の伝統的な家紋である「桜紋」の形状に押出成形し削りだすことで、軽くて継ぎ目のない美しいトーチに仕上げています。これらの東京2020オリンピックに選ばれたデザインだけでなく、過去に開催されたオリンピックのデザインからも、歴史や伝統、文化の巧みな取り入れ方のヒントを得ることができそうです。

「組市松紋」を取り入れた
東京2020オリンピック
エンブレム、©Tokyo 2020

L/UNIFORM TOKYO

EP.2

中世ヨーロッパから着想した店舗デザイン

お洒落なバッグや化粧ポーチなどを取り扱うフランスのバッグブランド L/UNIFORM（リュニフォーム）は、2019年に日本初となる旗艦店（ブランドの中心となる店舗）を東京・丸の内にオープンしました。この店舗のデザインを手掛けたのが、日本を拠点に世界各国のプロジェクトに携わるインテリアデザイナーの片山正道さんです。片山さんは、L/UNIFORM TOKYO の店舗デザイン[103] を考えるにあたって、15世紀から18世紀にかけてヨーロッパの王侯貴族や学者の間で流行ったとされる「キャビネット・オブ・ワンダー（以下、「驚異の部屋」と表記）」からインスピレーションを得たといいます。

「驚異の部屋」とは、15世紀にイタリアの王侯貴族が珍物や蒐集物を保管するためにつくったとされる博物保管室兼展示室のことで、16世紀にはドイツ語圏に渡り、学者や文人の間でも盛んにつくられるようになったといわれています。分野の分け隔てなく珍しいものを一か所に集めているのが特徴で、その蒐集対象も珊瑚や石英からつくられたアクセサリーや奇想を描いた絵画、巨大な巻貝やイッカクの角のような動物標本、異国の武具や天球儀や地球儀といった学術的なもの、東洋の陶磁器や聖遺物、アンティークの置物など多岐に

インテリアデザイナーの片山正道さんが手掛けた、L/UNIFORM旗艦店の外観

渡りました。

珍しいものを取り集めた「驚異の部屋」は、私たちの好奇心を刺激し、想像力をかき立ててくれます。片山さんは過去の流行からイメージを膨らませ、現代の店舗デザインへと落とし込んだのです。L/UNIFORM TOKYO では、昔の貴族が珍しい蒐集物を展示室にディスプレイしたように、サイズ違いの白いディスプレイボックスの中にデザインの特徴を表した名前とナンバーがつけられた種類豊富なバッグや小道具がランダムに並べられています。こうしたコレクション部屋やラボラトリーを彷彿とさせる店舗空間は、店内にいる人だけでなく、店の前を通りすぎる人たちを引きつけるデザインとなっているのです。

EP.3

スターバックス コーヒー 太宰府天満宮表参道店
土地のルーツを大切にしたコンセプトストア

福岡県太宰府市にある太宰府天満宮には、菅原道真が「学問・至誠・厄除けの神様」として祀られています。受験の神様としても有名な菅原道真への参拝を求めて、初詣の際には日本全国から毎年200万人以上の人が訪れる、いわずと知れた名所です。

「東風吹かば 匂ひおこせよ 梅の花 主なしとて 春な忘れそ」

これは、菅原道真が藤原時平の命で大宰府に左遷されるとき、道真が邸内で大切にしていた梅の木について詠んだ歌です。太宰府天満宮の神紋が梅紋となっているのも、この歌に由来しています。そんな太宰府天満宮の近くにあるのが、太宰府の町並みと自然が調和す

るように設計された、スターバックス コーヒー 太宰府天満宮表参道店[104] です。この店舗の設計は、東京2020オリンピックの開催が予定される新国立競技場を設計したことでも知られる、日本を代表する建築家の隈研吾さんによるものです。「自然素材による伝統と現代の融合」というコンセプトのもと、細い木材をダイアゴナル（対角線）に組みあげた、釘を一切使用しない特殊な木組み構造でつくられています。日本建築の手法と最先端の技術を組み合わせることで、伝統を感じさせつつもモダンな雰囲気を演出しています。そして、スターバックスの店舗の中でもコンセプトを重視してつくられた、スターバックス コーヒー 太宰府天満宮表参道店の一番の特徴は、店舗の奥の窓から太宰府天満宮の象徴である「梅」の庭が見えるようにデザインされていることです。太宰府の所縁となるエピソードを取り入れた意匠設計が施されているのです。よく「進化は、螺旋階段のようなものだ」、横から見ると確かに上に登っているけれど、上から見るとぐるぐるまわって、もとの位置に戻ってきているように見えるといわれることがあります。過去の様式やルーツを大切にしながら、現代のテクノロジーと織り合わせていくことで、進化の螺旋を登っていけるのです。

店内奥の窓から
梅の木が見える
スターバックス コーヒー
太宰府天満宮表参道店

糀屋本店

EP.4

歴史からヒントを得た老舗の経営戦略

過去の歴史や文化を振り返ることの大切さは、経営においても重要なヒントを与えてくれます。麹業界の売上をV字回復させた糀屋本店の例を紹介しましょう。麹といえば、味噌や醤油、みりん、甘酒などをつくる原料として日本の食文化に欠かせないもので、その歴史はゆうに1000年を超えているといわれています。かつて麹は台所でもよく使われる食材でした。しかし、時代が変わり家庭で味噌や甘酒がほとんどつくられなくなったことで、各地にある麹屋は次々と廃業に追い込まれていきました。江戸時代から330年以上続く糀屋本店も例外ではなく、他店同様に経営が圧迫され、廃業の危機に瀕していたそうです。

そうした中、糀屋本店の長女である浅利妙峰さんがとった施策は、もう一度「麹」に向き合うことでした。浅利さんが麹の歴史を学ぶ過程で出合ったのが、江戸時代の食材辞典『本朝食鑑』に記されていた「塩麹漬」だったといいます。漬物床として麹が使われていたことを知った浅利さんは、この言葉をヒントに麹の使い方を改めて研究し、味噌や醤油の"原材料"でしかなかった麹を現代の家庭で広く使える"調味料"の「塩糀」として生まれ変わらせました。さらに浅利さんは、麹のもつ3大消化酵素にも注目し、その美容効果や

江戸時代から330年以上
続く、糀屋本店

栄養価の高さなどを訴求したのです。そして、「塩糀」の商標登録をあえてせずに麹を使ったレシピを惜しげもなく公開したことで、大手メーカーもその流れに追随し、麹文化は再び日本中に広まっていきました。「なんとか麹を台所に復活させたい」という浅利さんの思いが、見事に実を結んだのです。

私たちも、糀屋本店のように様々な文脈の中で解決策や新しい製品・サービスを生み出さなくてはならない局面に立たされることがあります。そうした際には、過去の歴史や文化、背景などを辿り、もう一度原点に立ち返って考えることが大切です。過去を知ることで、新たな事実や別の角度から解決の糸口を発見できるかもしれないからです。

WORKSHOP

ルーツトラッキング

企画するテーマの由来や文脈を紐解く

過去を参照する際におすすめなのが「ルーツトラッキング」という手法です。これは、物事のルーツをひたすら掘り下げていき、その過程で得られた情報や知見をヒントにして新たなアイデアに役立てるものです。

東京2020オリンピックの聖火リレー用のトーチデザインに「桜」が起用されたことは紹介しましたが（→p168）、もしあなたが「桜をテーマにした斬新なプロダクトをつくってほしい」と依頼をされたら、どのようにして考えますか？

「桜」を掘り下げていく手段としてルーツトラッキングを活用してみましょう。桜の起源や語源、歴史的・文化的な背景、用途、象徴など、様々な角度から桜のルーツを探っていくのです。

桜のルーツを知る一例として、民俗学者の桜井満さんの著書『花の民俗学』（講談社学術文庫）や、歴史学者であり、民俗学者でもある和歌森太郎さんの著書『花と日本人』（角川書店）の中にある次の仮説を紹介します。

日本には古くから、「サ」の神の信仰があったそうです。「サ」の神は稲や山の神を指し、稲を植える月をサツキ（五月）、田植えに必要な雨はサミダレ（五月雨）、田に植える苗はサナエ（早苗）、植える女性はサオトメ（早乙女）というように、日本語の中にもその思想は脈々と受け継がれています。田植えの終わりをサノボリ（早上り）と呼び、山の神の祭りをする文化があることからも、「サ」は古くは神を指していたのではないかと考えられています。そして、サクラとは「サ座（くら）」。つまり、サの神の神座（かみくら）が語源ではないかといわれています[105]。

この説の信憑性は定かではありませんが、もしもこれを正しいとするならば、桜は「稲・山の霊の現われ」で「"サの神"が宿る神聖な樹木」であると読み取ることができそうです。桜をこのように捉えた上で、再びプロダクトを考えてみると、自分の知っている「桜」で連想したものとは違う深みのあるコンセプトを思いつきそうな気がしませんか。ルーツトラッキングの手法は、ブランドマークやプロダクトのデザイン、コンセプト、店舗設計などを考える際にも役立ちます。

19

タイムマシーン

未来から逆算する

現在の社会や経済環境が予測困難な状況にあることを示す「VUCA（ブーカ）」という言葉は、Volatility（変動）、Uncertainty（不確実）、Complexity（複雑）、Ambiguity（曖昧）の4つの頭文字を繋ぎ合わせた造語です。VUCAの時代は、従来のような線型の未来予測はあまり役に立ちません。そうした中、現在の延長線上で考えるのではなく、「将来から逆算（バックキャスティング）」してビジネスチャンスを捉えようという気運が高まっています。アメリカでは、SF作家を大量に抱えるコンサルティング会社が誕生するほど、「妄想力」が価値を生む時代が到来しつつあるのです。

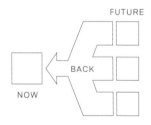

KEYWORD
逆算思考(バックキャスティング)
SF、妄想
デザイン・フィクション
VUCAの時代

将来から逆算して、未来を予測する

VUCA の時代へ

米ハーバード・ビジネススクールのクレイトン・M・クリステンセン教授は、業界構造を劇的に変えることを「破壊的イノベーション」と表現しています。この実例ともいえるのが、スマートフォンに内蔵されたカメラです。多くの人がスマートフォンを持つ時代となりました。発売当初は、デジタルカメラに比べて性能こそ劣っていたものの、ボタンひとつで簡単に撮影できることから、瞬く間に世の中に浸透していきました。やがて技術が追いつき、スマートフォンのカメラでもそれなりの画質で撮影できるようになると、デジタルカメラのヘビーユーザー層も、一気にスマートフォン市場に流れ込んだのです。このように、今までの市場の価値基準を破壊するような製品やビジネスモデルがもたらす変化のことを「破壊的イノベーション」と呼びます。これは、日本が得意とする性能を高めていく「持続的イノベーション」とは対極にある考え方です。今、テクノロジーの指数関数的な発展や数々の破壊的イノベーションの誕生によって、世の中が急激に変化しています。

このような将来が予想不能になった「VUCA」の時代に有効なのは、現在からの延長線上で未来を語る（フォアキャスティング）のではなく、あたかもタイムマシーンで未来からやってきたかのように考える「逆算思考（バックキャスティング）」だといわれています。

将来への「想像力」が商品になる

逆算思考が求められる中、SF に注目が集まっています。実際にアメリカでは、SciFutures（サシ・フューチャーズ）[106] という SF 作家で構成されたコンサルティング会社が誕生しました。同社は、Visa、intel、FOX、フォード、北大西洋条約機構（NATO）などをクライアントにもち、所属する100人程度の SF 作家たちがオーダーメイドの物語を提供しています。SciFutures の創業者、アリ・ポッパーは、企業のためにオーダーメイドの物語や作品を提供するサービスを「コーポレート・ビジョニング」と呼称しています。知識や技術はあるけれども、想像力に欠ける企業や団体な

どに、SFによる新しい視点やアイデアを届けているのです。

例えば、クライアントのひとつである北大西洋条約機構の案件では、高級官僚40人が出席するワークショップでの議論の素材として、「スマートガンがハッキングされて、民間人の大量虐殺が起きそうになる」「大人気オンラインゲームが、実はロシア政府が開発した現実世界のドローンなどを遠隔操作するソフトウェアだった」「特殊なフェロモンを発するよう遺伝子操作された部隊の兵士たちの体臭を嗅ぐと、誰もがテロ行為を起こす」などのSF作品が執筆されました。軍事や経営の世界では、想定外の出来事が連続して起こります。異例の事態が起こったときに、いかに柔軟な対応策が取れるかを訓練するひとつとして、SFの活用が期待されているのです。SciFuturesは、「AIやVR・ARといった拡張現実の最先端テクノロジーが、私たちの世界をどのように変えていくのか?」というような、まさに逆算的な思考をお金に換えているのです。

SFが注目される背景には、フィクションの中でのみ成立していた「世界」が最新テクノロジーや技術の進歩によって、現実のものになる日がそう遠くないといわれるようになったことが挙げられます。これからの事業創発や経営戦略、企画の方向性を考えるにあたっても、現在を起点にするだけでなく「将来」を起点にして考えてみてはいかがでしょうか。例えば、「特定の分野に精通した、社外の専門家にその分野の今後の発展を聞いてみる」「未来の世界を描いた小説やSF作品からビジネスのヒントを探す」など、日常の延長線上にはない、自分では思いつかないようなアイデアに触れる機会をもっと増やすと良いと思います。

EP.1   Nike Hyper Adapt 1.0

SF映画から生まれた未来のスニーカー

スポーツ選手のためのスニーカーとは？

ティンカー・ハットフィールドは、生ける伝説とも呼ばれる世界的なシューズデザイナーです。彼はかつて棒高跳びの選手でしたが、怪我で競技を続けることが困難となり、シューズデザイナーに転身しました。元スポーツ選手であったことから、スポーツ選手のことを誰よりもよく知るシューズデザイナーとして、現役選手からの信頼も厚い人物です。ハットフィールドは、自身を追ったドキュメンタリー番組の中で、プロのバスケットボール選手を10年以上続けていると誰もがボロボロの足になると語っています。靴を長く履き続けることで足が変形したり、血流不良で損傷したりするからです。いつでもコートに飛び出せるように靴紐をきつく結ぶバスケットボール選手が多い中で、せめてフリースローの前やベンチに座っている間だけでも靴による締めつけを緩められないかと考えたハットフィールドが、足への負担が少ないナイキの代名詞にもなった「エア・ジョーダン」や「エアマックス」などのシューズを開発したことは偶然ではないでしょう。

SF映画に登場したスマートシューズ

そんなハットフィールドと関わりの深い映画に、SF界の名作『バック・トゥ・ザ・フューチャー』（監督：ロバート・ゼメキス）があります。ドクと呼ばれるブラウン博士が、1台の自動車デロリアンをタイムマシーンへとつくり変えることに成功したところから始まる物語です。主人公のマーティが未来へ向かう『バック・トゥ・ザ・フューチャー PART2』（監督：ロバート・ゼメキス）では、当時はなかった「スマートグラス」やカメラ機能を搭載した「小型無人機」、バナナの皮やジュースの飲み残しを燃料に変えられる「エコ燃料車」など、未来の生活に登場しそうなプロダクトが臨場感たっぷりに描かれ、見所のひとつとなっています。

話を戻すと、この『バック・トゥ・ザ・フューチャー PART2』に登場する未来のスニーカーの制作に、シューズデザイナーのハットフィールドが関わっています。「将来のスニーカー」を考えてほしいと依頼を受けたハットフィールドは、「将来のスニーカーは知能をもっているのではないか？」という仮説を立て、履き主を認識して靴紐を自動で締めるスニーカーを考案したのです。実際に1989年に公開された同映画の中で、マーティが足を入れると靴紐が自動的に締まる「スマートシューズ」が登場しています。もちろ

ん、当時はそんなスニーカーは存在しないた
め、裏で小道具さんが靴紐を締めることで自
動で動いているように演出していたそうです。

未来のスニーカーを開発する

しかし、話はここで終わりません。映画に
登場したスマートシューズから着想を得て、
ティンカー・ハットフィールドと彼のチーム
がデザインを手掛けた、自動靴紐調整機能
「E.A.R.L」が搭載されたナイキのスニーカー
「Nike Hyper Adapt 1.0（ナイキ ハイパー ア
ダプト 1.0）」[107] が、映画から28年の時を経
て2017年、ついに販売されたのです。Nike
Hyper Adapt 1.0 は、1人ひとりの足の形に
合わせて、かかと部分に内蔵されたシュー
レースを調節する画期的なシステムで、足を

入れると音を立てながら自動で締まる電動ス
ニーカーです。試着すると誰もが、その近未
来感に驚くといいます。ただ、現代のテクノ
ロジーでは充電が必要であるなど、まだいく
つものハードルがありますが、SF映画で描
かれたスマートシューズをもとに新しいプロ
ダクトをつくるという発想そのものに、惹き
つけられるものがあります。もしかしたら
ハットフィールドが妄想したように、将来的
には「靴紐」という概念そのものがなくなり、
昔はわざわざ結んでいたんだ……と驚く時代
がくるかもしれません。SF作品などに登場
するような未来で普及しているかもしれない
プロダクトやサービスからインスピレーショ
ンを得ることで、常識に捉われない画期的な
アイデアを生み出すことができるのです。

映画『バック・トゥ・ザ・
フューチャー』に登場
する「デロリアン」

EP.2

Neuralink

架空の世界観が現実のものになる?

ハリウッド映画として実写化もされた『攻殻機動隊』(原作：士郎正宗)は、第三次核大戦、第四次非核大戦を経て、科学技術が高度化した日本を舞台にして描かれた漫画作品です。作中では、マイクロマシン技術を使用して脳の神経ネットに直接接続する電脳化や、義手・義足にロボット技術を応用したサイボーグ化などの技術が普及した世界が描かれています。多くの人間は電脳によってインターネットに直接アクセスすることが可能となり、生身の人間や電脳化した人間であるサイボーグ、アンドロイドなどが混在する社会の中で、テロや暗殺、汚職などの犯罪を事前に察知して、その被害を最小限に抑える攻性公安警察組織「公安9課」(通称、攻殻機動隊)の活動が物語の軸となっています。こうした世界観は、作品の中だけの話だと思われるか

もしれませんが、驚くべきことに既に同じような技術が登場しているのです。

2019年7月に、イーロン・マスクが代表を務めるNeuralink(ニューラリンク)が、脳直結インターフェイスを発表しました。Neuralinkは、「人工知能との一種の共生関係を達成する」をひとつの方策としたBMI(ブレイン・マシーン・インターフェイス)の研究を進めています[108]。BMIで活用する「糸」は、人間の最も細い髪の毛の3分の1ほどである直径4〜6マイクロメートルという極細で、これを人間の脳組織深くに埋めることで神経細胞の役割を果たし、大量のデータの入出力が可能になるのだそうです。現在は主に医学面での活用が期待されています。BMIで脳の信号を読み取ることで、ロボット義手や義足を思い通りに動かすことができるようになるといいます。こうしたBMI技術の進歩によって『攻殻機動隊』が描いた世界観が現実となる日がやってくるかもしれません。イーロン・マスクが、SF作品からインスパイアされてBMIの研究を進めているかは定かではありませんが、このプロジェクトが現在の延長線上ではなく、未来のあるべき姿から逆算してつくられたものであることは間違いないでしょう。

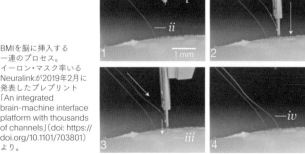

BMIを脳に挿入する一連のプロセス。イーロン・マスク率いるNeuralinkが2019年2月に発表したプレプリント「An integrated brain-machine interface platform with thousands of channels」(doi: https://doi.org/10.1101/703801)より。

モトロイド EP.3

"パートナー"になる未来のコンセプトモビリティ

Neuralinkや『攻殻機動隊』の世界観を彷彿とさせる開発思想をもつ企業に、ヤマハ発動機があります。ヤマハ発動機は、人と機械を高い次元で一体化させることにより人の悦び・興奮をつくり出す技術を表す「人機官能」という独自の開発思想をもっています。その思想のもとに開発されたのが、「MOTOROiD(以下、モトロイドと表記)」[109]と呼ばれるコンセプトモビリティです。「生き物のようなマシン」をイメージして開発されたモトロイドは、圧倒的な未来感を感じさせるプロダクトで、機体を支えるスタンドを外しても倒れない自律バランス制御機能が搭載されています。それによってマシン自らが重心移動することで立ち上がり、不倒状態を保ちながら移動することが可能になるのです。また、AIでオーナーの顔を認識して歩み寄ることから、ライダーとまるで"パートナー"のような関係を結ぶことができます。さらにライダーのウエスト部をマシンが包み込み、ライダーの皮膚感覚に力、振動、動きなどのフィードバックを与えることで、ライダーとマシンがより強い一体感を得られるよう設計されています。モトロイドは、今ある技術の寄せ集めで生み出されたものではありません。移動の道具を超えた「人機官能」なモビリティの未来像は何か? という問いから、バックキャスティングして開発されたプロダクトなのです。ヤマハ発動機が目指したのは、マシンが"もの"ではなく"パートナー"になる、未来の人とマシンの関係性の提案でした。今の時代では商業ベースには乗らないこうしたコンセプトモビリティも、自動車や二輪車の歴史がそうであったように遠くない将来、私たちの生活に当たり前のように根づいている可能性は十分にあるのです。

コンセプトモビリティ
「MOTOROiD」、
ヤマハ発動機

デザイン・フィクション

架空の生活に溶け込むプロダクトとは?

「Design Fiction(デザイン・フィクション)という言葉を聞いたことはあるでしょうか?　SF作家のブルース・スターリングが、2005年に著書『Shaping Things』で提唱したといわれる言葉で、Science Fiction(サイエンス・フィクション)になぞらえてつくられました。ブルース・スターリングは、デザイン・フィクションを「架空の物語の中において十分説得力のある、架空の技術のプロトタイプ」と定義しています。別の表現を用いれば、「まだ存在しない技術やプロダクトを、人間が登場する架空のシナリオの中で、リアリティーをもって描写したもの」と言い換えることができます。例えば、先ほど紹介した『バック・トゥ・ザ・フューチャー part2』の中に登場する「スマートシューズ」(→p177)は、その物語で描かれた架空の生活に溶け込んだデザイン・フィクションの代表格といえます。現在のニーズに答えるだけでなく未来における「新しい生活や行動様式は何か?」「その中で自然と溶け込んでいるサービスやプロダクトは何か?」と考えてみることで、今までとは異なる観点から次なるイノベーションの種を見つけることができるかもしれません。

サイエンス・フィクション

架空のテクノロジーが生まれた		どのような物語(生活)が展開されるのか?

デザイン・フィクション

どのようなテクノロジーやプロダクトが受け入れられるのか?		架空の物語(生活)が生まれた

20

コイン

偶然から幸運をつかむ

『セレンディップの三人の王子』という童話をご存知
でしょうか。3人の王子たちがいつも探し求めてい
るもの"以外の"価値あるものを発見していく物語です。
この童話を読んだ英国の著述家が、友人宛ての手
紙で「セレンディピティ」という言葉を初めて使った
ことから、「何かを探しているときに、さらに価値の
ある別のものを見つける能力のこと」を指す言葉と
して使われるようになりました。多くの科学者やアー
ティストがセレンディピティの体現者です。目の前で
起こることを自然体で受け入れ、偶然の出来事か
らたくさんの学びを得ることで、意図していたもの
以上に価値あるものと出合えるのです。

KEYWORD
セレンディピティ
偶然性
自然の原理
バイオミメティクス

偶然の出来事や自然から気づきを得る

偶然を愛するセレンディピティ

一見、「偶然」とは対極にあるように思える科学の分野ですが、歴代の科学者の功績や発見を通して見てみると、共通するキーワードとして「セレンディピティ」が浮かび上がってきます。セレンディピティとは、何かを探しているときに偶然、価値ある別のものを見つける能力のことです。ダイナマイトの製造に貢献した研究者のアルフレッド・ノーベルもセレンディピティの体現者でした。ノーベルは、実験を通して不安定な液体爆弾を安定化させることの難しさを感じていましたが、"たまたま"保存容器に穴が空き、そこから漏れたニトログリセリンが固まっていることに気づきました。容器の周囲にあった珪藻土が安定剤として機能したのです。この偶然から気づきを得たことが、ダイナマイトの製造における大きな一歩となりました。後にダイナマイトは戦争で使われ、多くの人命を奪う結果となりましたが、これを憂いたノーベルの遺言によって誕生したのが、国際的な賞であるノーベル賞です。

日本でも島津製作所のエンジニアであった田中耕一さんが、2002年にノーベル化学賞を受賞して話題となりました。受賞理由は、質量分析のための「ソフトレーザー脱離イオン化法」に繋がる発見の功績が認められたことです。これも実は、"無意識的なミス"から生まれたものだったそうです。測定対象であったビタミンB12を分析装置にかける準備をしていたとき、田中さんはアセトンの代わりに誤ってグリセリンを混ぜてしまいました。間違いにはすぐに気づいたそうですが「もったいない」と思い、そのまま一応試験を続けてみたところ、今まで見たことのない現象を目にすることになったのです[110]。これこそが後にノーベル賞の受賞に繋がる大発見でした。ノーベルや田中さんの発見だけにとどまらず、フロンの研究中に偶然ガスボンベの中で生まれた物質のテフロンや、レーダー開発の副産物である電子レンジ、パンをつくるための小麦をうっかりオーブンに放置してしまったことで生まれたコンフレークに至るまで、当初の意図とは違った形で「偶然」生まれたものがヒット商品になったり、ある領域で大きな功績を残したりする例は枚挙にいとまがありません。

元 MIT メディアラボ所長の伊藤穰一さんは、著書『「ひらめき」を生む技術』（KADOKAWA／角川学芸出版）の中で、セレンディピティをリンゴ拾いの例で説明しました。自分をラッキーだと思っている人は、出かける度にいろんな場所を探して多くのリンゴを見つけることができるが、アンラッキーだと思っている人は、知らない場所に行くのをためらって同じ場所しか探さないため、見つけられるリンゴは徐々に少なくなっていってしまいます。つまりラッキーな人とは、どこに行ってもきっと何かは見つかる、探しているものが見つからなくても他のものと出合える、と思える人だと伊藤さんは語ります。セレンディピティは、「探していたわけではないけれど、何だか面白いものがあるぞ」と考えて行動できる人のところに訪れるのです。

自然に託す姿勢

雪の結晶、夜空の満天の星々、オーロラなど自然が生み出す「偶然」は、人間が意図したものとは違った美しさをもちます。メディアアーティストの落合陽一さんは、「計算機自然（デジタルネイチャー）」という概念を、『光の波、反射、海と空の点描』[111] と題した作品で発表しました。落合さんは、計算機自然とは、人と機械、物質世界（マテリアル・ワールド）と実質世界（バーチャル・ワールド）が親和することで生まれる新たな自然環境であると説明しています。『光の波、反射、海と空の点描』は、銀箔を張った和紙の上から超高解像度で撮影したサバの側面をプリントした作品です。サバの表面を真横からみると下が太陽で上が海面の「風景画」が見えてくることから、サバの保護色は太陽と海の光学的擬態なのだ、と落合さんは説明しています。

また、千利休の侘の思想を濃厚に反映する茶碗をつくった初代、長次郎から一子相伝で受け継がれる樂家の15代当主、樂吉左衛門は、茶碗づくりについて「焼き物は最終的には自然に託す姿勢」「どれひとつとして、同じということはない、偶然性の中で生まれる。自我の世界だけでなく、ものを制作するということは、祈りに通じるところがある」[112] と語っています。"自然を相手にする" ことで起こるいくつもの偶然の重なりに、私たちは心揺さぶられるのかもしれません。

EP.1   吉岡徳仁

自然の営みにまかせたアート作品

パリにあるオルセー美術館は、クロード・モ
ネ、ポール・セザンヌ、ピエール・オーギュ
スト・ルノワールに代表される印象派の作品
群が展示され、観光客も多く訪れる名所です。
ここに印象派の巨匠と共に、日本人の作品が
常設展示されています。それは、20年以上
もガラスに向き合い続けるデザイナーの吉岡
徳仁さんが制作した、『Water Block（ウォー
ターブロック）』[113] という作品です。このガラ
スのベンチは、特殊なガラスの塊をプラチナ
製の型に流し込んでつくられているのですが、
表面の波模様は計算されたものではなく、ガ
ラスが固まる瞬間につくり出される「偶然の
美しさ」をそのまま閉じ込めてできたものだ
といいます。まるで水の塊が浮かんでいるか
のようなこの作品は、光と水の輝きを捉えよ
うとした印象派の試みに調和すると、世界か
らも高い評価を受けました。吉岡さんはこの

作品以外にも、偶然によって生み出される
アート作品を数多く制作しています。

2013年に開催された吉岡さんの個展
「Crystallize（クリスタライズ）」では、水槽
の中で自然の結晶を成長させる『Swan Lake
（スワンレイク）』という作品が展示されまし
た。この作品は、チャイコフスキーが作曲し
た有名なバレエ音楽「白鳥の湖」の曲による
音の振動で、水槽の中の結晶を成長させたも
のです。そのため、自然の力によって生み出
された"結晶絵画"とも呼ばれています。他
にも、『VENUS －結晶の椅子』という作品が
あります。これは、時間の経過とともに水槽
の中で結晶が成長することで姿を現す神秘的
な椅子で、作品紹介文には「自然がつくりだ
す造形には、人間の想像を超える美しさがあ
る」と記されています。同じく椅子の作品に、
『Honey － pop』があります。これは、正六
角形を隙間なく並べた蜂の巣の「ハニカム構
造」に着目し、わずか1センチの薄さに積層
された120枚の紙を広げることで平面から立
体に展開し、人が座ることができるよう設計
された椅子です。吉岡さんは、自然の原理を
取り入れることで、想像を超える神秘的で美
しい作品へと昇華させているのです。

オルセー美術館に
常設展示されている
『Water Block』、
吉岡徳仁、2002

Sky Ladder

コントロールできないものに神秘が宿る

中国生まれの世界的アーティスト、蔡國強（ツァイ・グオチャン）は、自然のもつエネルギーや偶然性を取り入れた作品を多数制作してきました。彼は、"花火のアーティスト"とも呼ばれ、キャンバスや和紙の上で火薬を爆発させて描く「火薬ドローイング」の手法を確立させた人物としても知られています。2008年に生まれ故郷で開催された、北京オリンピックの開会式を彩った煌びやかな花火の演出も彼が手掛けたものです。彼は作品に火薬を使用することで、その破壊力と創造性の2つの視点を示しているのです。

蔡國強の代表作に、祖母の100歳の誕生日を祝う目的で手掛けた『Sky Ladder（スカイ・ラダー）』という大規模なプロジェクトがあります。火薬を巻きつけた高さ500メートルほどにもなる「階段」を気球につけて、空高くに伸ばしたクレイジーな作品です。『Sky Ladder』は、天候や風などそのときの自然条件がうまく重ならないと実現しないもので、1994年にイギリス・バース、2001年に中国・上海、2012年にはアメリカ・ロサンゼルスの計3回に渡って挑戦したものの、いずれも失敗に終わりました。そして4度目の中国・泉州（せんしゅう）で挑戦し、ついに成功させることができたのです。夜空に光輝く「花火の階段」

泉州で成功した
『Sky Ladder』、
蔡國強、2015

Sky Ladder　2015
Realized off Huiyu Island,
Quanzhou, June 15,
4:45 am (dawn),
100 seconds
Gunpowder, fuse
and helium balloon

は、天に繋がる階段を彷彿とさせると世界中で話題になりました。実現までに何度も中止を余儀なくされた『Sky Ladder』プロジェクトの過程は、『空のハシゴ　ツァイ・グオチャンの夜空のアート』（監督：ケヴィン・マクドナルド）というドキュメンタリー作品に収録されています。蔡國強のテーマでもある、人間の力ではコントロールできない、火薬や天候などの「偶然性」によってつくられるアート作品には、人智を超えた美しさや神秘が宿っているのです。

EP.3 　アルケリス
甲殻類からインスパイアされた歩ける椅子

カタツムリの殻に油性ペンで落書きをしてみると、拭き取るだけでは落ちないのですが、少しだけ水を垂らして拭くとすぐに取れることが分かります。カタツムリの殻は、砂や泥のような無機物による汚れも土や油性ペンのような有機物による汚れも、どちらも落ちやすくできているのです。それは殻の表面の凸凹構造によるもので、溝に水がたまることで水の膜ができ、汚れが落ちやすくなるのだそうです。近年ではカタツムリの殻の構造をビルやアパートの外壁などに応用することで、放置していても汚れなどが自然と浄化される建物がつくられるようになりました。このように生物の構造や機能を、先端技術や製品開発に応用することを「バイオミメティクス」と呼び、各界で注目を集めています。カタツムリだけでなく、「蚊の針のような細い

医療向け
ウェアラブルチェア
「archelis」

注射針」「サメ肌を応用した海中ウェア」「オナモミの実から生まれたマジックテープ」「カワセミのくちばしから生まれた新幹線の先端」など、最先端技術に応用されている事例はたくさんあります。

生物の構造からヒントを得て開発された製品のひとつに、「archelis（以下、アルケリスと表記）」[14] という医療向けウェアラブルチェアがあります。高齢化に伴い、医療現場では長時間に及ぶ立ち姿勢での手術が医師や医療スタッフのからだへの大きな負担となっています。こうした立ち姿勢での負担を減らす製品として開発されたのがアルケリスです。装着したまま自由に動けて、必要なときに中腰姿勢で簡単に座れることから「歩ける椅子」とも呼ばれています。電力を必要としないアルケリスは、「装着した人がいかに筋肉を使わずに、製品の構造だけでからだを支えることができるか？」という観点で開発が進められたそうです。そうした中で開発のヒントとなったのが、硬い骨格をもちながらも自由に動き回ることができる「甲殻類」だったといいます。生物が多様な進化の果てに行きついた造形や構造、機能に、未来の生活を変えるヒントが隠されているのです。

細胞検索エンジン
偶然の発見を"必然"にする検索装置

科学の研究やアート制作、プロダクト開発などの現場では、想定外の現象や偶然の産物に出合えることを期待しながら、日々研究が進められています。ライフサイエンスの研究でも偶然の幸運をつかめるかどうかが大きな鍵となっています。近代では、顕微鏡の登場によって細胞レベルのミクロな世界を探索することが可能になりました。しかし、顕微鏡を覗いて、たくさんの細胞群の中から人の目で希少な目的細胞を見つけようとする作業は、膨大な時間がかかるだけでなく、運やセレンディピティが必要とされます。東京大学教授で世界経済フォーラム（ダボス会議）のヤング・グローバル・リーダーにも選出されている合田圭介さんは、目的細胞を見つけることのできる偶然性を"必然"に変えられないか？と考え、顕微鏡の世界で計画的にセレンディピティを引き出す「細胞検索エンジン（セレンディピター)」[115]の開発を進めています。これは、超高速顕微鏡やAIなどの最先端テクノロジーを活用して、膨大な数の細胞群の中から目的の細胞を瞬時に探し出すことが可能となる装置です。合田さんは、細胞検索エンジンによって、"砂浜から一粒の砂金"を見つけ出すように希少な目的細胞を高速かつ正確に発見し解析することができるようになるだろうと述べています。

細胞検索エンジンは、今後の生命科学や医療、バイオ産業の発展だけでなく、社会課題の解決にも繋がるとして、その活用が期待されています。例えば、生分解性の高い構造をもったプラスチックの原料となる細胞をこの検索エンジンによって選び出すことができれば、プラスチック処理の問題に対する新たな解決の糸口が見つかるかもしれません。

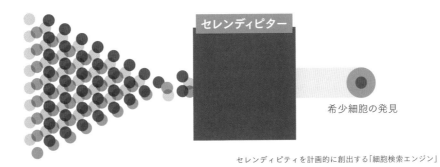

セレンディピター

希少細胞の発見

セレンディピティを計画的に創出する「細胞検索エンジン」

WORKSHOP

生き物ひらめきワークショップ
自然のシステムや生き物の機能に学ぶ

「最も強い者が生き残るのではなく、最も賢い者が生き延びるのでもない。唯一生き残ることができるのは、変化に適応できる者である」。これは、進化論で有名なチャールズ・ダーウィンが残した名言です。今の時代に何気なく生存しているように見える生き物たちも、長い年月の中で自然淘汰された末、生き残った種といえます。「生き物ひらめきワークショップ」は、生き物が進化の過程で獲得した多種多様な機能や構造から、企画やビジネスのアイデアを模索するワークです。生物図鑑などを参考にして、生き物のもつ機能や構造を以下のように挙げてみましょう。

・トカゲ：切っても再生する尻尾
・蚊：刺しても人間が気づかないほど細い針
・チーター：高速移動を実現した筋骨格
・オジギソウ：水分量の調節による柔らかな動き
・ホタル：電球のように熱くならない発光器
・フナムシ：水を吸い上げる足の構造
・アリ：巣と餌場の最短ルートを探索する能力
・イワシ：等間隔で泳いでぶつからない群れ
・蛾：光を反射しない目
・マグロ：水の抵抗を減らす体表を覆う粘膜
・ヤモリ：どこにでもくっつく小さな足

例えば、トンボは素早く動いたり空中で静止したりと自由自在に飛びまわることができます。これは、羽の断面が薄紙を凸凹に折り曲げたような形をしていて、それによって羽の上に極小の空気の渦を次々とつくり出し、ベルトコンベアのように空気を後ろへと流して揚力を保っているからだそうです。実際に、トンボの羽のメカニズムから着想を得た、わずかな風でも羽根をまわすことができる風力発電「マイクロ・エコ風車」が誕生しています。

また、革新的な社会システムの開発を目指している日立製作所が、京都大学との連携により開発した「生き物ひらめきカード」[116]という興味深いプロダクトがあります。同カードは、表に40種類の生き物の現象や特徴、仕組みなどがイラストと共に記載され、裏には社会システムや製品開発のヒントにつながるキーワードが記載されています。これは、既存の社会システムでは解決できない様々な問題や課題に対し、自然科学や生物の専門家でなくても、自然のシステムや生き物のもつ現象や特徴、仕組みから解決の糸口を探せるようにと設計されたものだそうです。

生物図鑑を見ながらカードをつくってみるなどして、生き物ワークショップを行ってみてはいかがでしょうか。新しい角度から目の前の問題や課題に向き合うことで、自分では思いつかないようなアイデアが見つかるのです。

分子・細胞

血栓形成

傷ついた瞬間、補修まで行う体内工事

破損した水道管はひとりでには塞がらないが、破損した血管は塞がる。破損箇所から漏れ出した物質が信号となって、血液中を漂う血小板の集合のスイッチを入れる。

単体システム

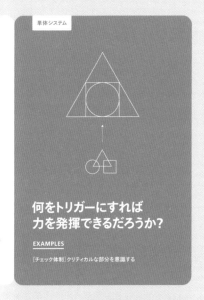

何をトリガーにすれば
力を発揮できるだろうか?

EXAMPLES

[チェック体制] クリティカルな部分を意識する

生態

スイッチング捕食

切り替えは生きながらえる切り札

切り替えが動物を生かす——。動物は環境を知覚し、その行動を変える。この可塑性によって、季節や場所に基づいて主食となる餌を変え、適応度を最大化するのだ。

同一の複数システム

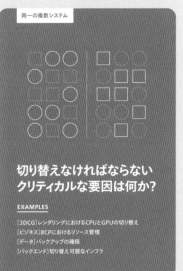

切り替えなければならない
クリティカルな要因は何か?

EXAMPLES

[3DCG] レンダリングにおけるCPUとGPUの切り替え
[ビジネス] BCPにおけるリソース管理
[データ] バックアップの確保
[バックエンド] 切り替え可能なインフラ

「生き物ひらめきカード」、
日立製作所、2019

後注

はじめに

1　「クリエイティブ」のスキルが求められる背景などの詳細は、世界経済フォーラムが発表している「The Future of Jobs--Employment, Skills and Workforce Strategy for the Fourth Industrial Revolution」(http://www3.weforum.org/docs/WEF_Future_of_Jobs.pdf)を参照。

01　斧

2　TOTOおよび、LIXILの沿革についての詳細は、TOTO公式サイト(https://jp.toto.com/company/ir/individual/history/index.htm)、LIXIL公式サイト(https://www.lixil.com/jp/about/history.html)を参照。

3　アラウーノシ開発者のコメントは、東洋経済「パナソニックのトイレが急成長を遂げたワケ 有機ガラス製『アラウーノ』のハイテク構造」(https://toyokeizai.net/articles/-/158037)より引用。

4　KAZbrellaの詳細は、トロイカジャパンの公式サイト(https://www.troikadesignstore.jp/product-list/115)を参照。

5　リバース・プレリクイジットの活用については、『デザイン思考の先を行くもの』著:各務太郎(クロスメディア・パブリッシング、2018)などにも紹介されている。

02　アルバム

6　Idealabによる、スタートアップの成功要因に関する仮説の詳細は、ビル・グロスによる「The single biggest reason why start-ups succeed」と題したプレゼンテーション(https://www.ted.com/talks/bill_gross_the_single_biggest_reason_why_start_ups_succeed)を参照。

7　IBMとe-ビジネスの関係性については、IBM公式サイトの「IBM 100年の軌跡」(https://www.ibm.com/ibm/history/ibm100/jp/ja/icons/ebusiness/)を参照。

8　ジェフ・ベゾスへのインタビューの詳細については、「Jeff Bezos 1997 Interview」(https://www.youtube.com/watch?v=rWRbTnE1PEM)を参照。

9　「BALMUDA The Toaster」の開発ストーリーについては、BALMUDA公式サイト(https://www.balmuda.com/jp/toaster/story)より引用。さらに詳しい情報については、『行こう、どこにもなかった方法で』著:寺尾玄(新潮社、2017)を参照。

10　ポカリスエットの開発ストーリーの詳細については、大塚製薬の公式サイト「ポカリスエットの誕生秘話」(https://pocarisweat.jp/products/story/)より引用。

11　OTON GLASS開発に関するインタビューについては、日経キャリアNET「イノベーションを興す次世代リーダーたちの視点 第21回 株式会社オトングラス 代表取締役 島影圭佑氏」(https://career.nikkei.co.jp/contents/innovation/21_01/)、ストーリーや商品の詳細は、OTON GLASSの公式サイト(https://otonglass.jp/)を参照。

12　JINS MEME の機能や詳細については、公式サイト(https://jins-meme.com/ja/)を参照。

13　JINS MEME BRIDGE の機能や詳細については、公式サイト(https://withals.com/bridge/)を参照。

14　バーモント大学コンピューテーショナル・ストーリー研究所の、アンドリュー・レーガン研究員のチームによる研究の詳細は、『The emotional arcs of stories are dominated by six basic shapes』(https://arxiv.org/pdf/1606.07772.pdf)を参照。

15　原体験ワークについての詳細は、『原体験ドリブン 人生の答えの9割がここにある!』著:チカイケ秀夫(光文社、2020)を参照。

03　聴診器

16　戦後の日本における「ひとり当たりのGDP」と「生活満足度」の関係性の詳細は、エド・サーヴァント教授らによる「Will Money Increase Subjective Well-Being?」（https://www.researchgate.net/publication/227598662_Will_Money_Increase_Subjective_Well-Being)を参照。

17　スティーブ・ジョブズがスタンドフォード大学の卒業式で行ったスピーチは、「Steve Jobs' 2005 Stanford Commencement Address」(https://www.youtube.com/watch?v=UF8uR6Z6KLc)より。

18　ジェームズ・ダイソンのインタビューについては、WIREDのゲストコラム「No Innovator's Dilemma Here: In Praise of Failure」(https://www.wired.com/2011/04/in-praise-of-failure/)の内容を日本語訳した、Lifehackerの「プロトタイプは5127台! ダイソン創業者が語る『失敗を恐れないことの大切さ』」2013年1月23日リリース(https://www.lifehacker.jp/2013/01/130123gizmodo_dyson.html)より引用。

19　「Dyson Supersonic Ionic ヘアードライヤー」の詳細については、dyson公式サイト(https://www.dyson.co.jp/hair-care/hair-dryers/dyson-supersonic-ionic.aspx)を参照。

20　B.LEAGUEの設立経緯の詳細については、2017年11月にグロービス経営大学院東京校で開催されたトップセミナー「夢があるから強くなる」(https://www.youtube.com/watch?v=BSf8xmpijjk)や、web版GOETHE(ゲーテ)に掲載の「川淵キャプテンのパワーの源『怒りの感情が、僕の一番の原動力』」(https://goetheweb.jp/person/slug-n73f9e090543b)などを参照。

COLUMN 1

21　1と同じ

04 カナリア

22 Google の元 CEO、エリック・シュミットのインタビューの詳細については、web 版 TIME に掲載の「Google's Chief Looks Ahead」(http://content.time.com/time/business/article/0,8599,1541446,00.html)より引用。

23 Loon の詳細については、公式サイト(https://loon.com/)を参照。

24 遠山正道さんのコメントについては、2018 年 7 月に開催されたあすか会議 2018「競争優位を生み出す デザイン×クリエイティビティ」(https://www.youtube.com/watch?v=MGKkCV3vkrE)を参照。

25 遠山正道さんのアートの定義については、『アート・イン・ビジネス──ビジネスに効くアートの力』編:電通美術回路、著:若林宏保、大西浩志、和佐野有紀、上原拓真、東成樹(有斐閣、2019)より引用。

05 バスケットシューズ

26 ネリ・オックスマン教授のコメントは、NETFLIX『アート・オブ・デザインシーズン 2 「ネリ・オックスマン:バイオ建築家」』(https://www.netflix.com/jp/title/80057883)を参照。

27 一橋大学の延岡健太郎教授が提唱する SEDA モデルの詳細については、「価値づくり技術経営:意味的価値の創造とマネジメント」2008 年 10 月 23 日リリース(https://hermes-ir.lib.hit-u.ac.jp/rs/bitstream/10086/16278/1/070iirWP08_05.pdf)を参照。

28 「Krebs Cycle of Creativity(KCC)」の詳細については、ネリ・オックスマン教授の論文『Age of Entanglement』(https://jods.mitpress.mit.edu/pub/AgeOfEntanglement)を参照。

29 『Sound of Honda／Ayrton Senna 1989』の映像や詳細については、ホンダ公式サイトのプレスリリース「『Sound of Honda／Ayrton Senna 1989』が文化庁メディア芸術祭エンターテインメント部門大賞に決定」2013 年 12 月 05 日リリース(https://www.honda.co.jp/news/2013/4131205.html)を参照。

30 『FORM』『三番叟 FORM II』の詳細については、ライゾマティクス公式サイト(https://research.rhizomatiks.com/works/form.html)を参照。

31 マツダの「ロードスター」開発の詳細については、論文「ビジネスケース マツダ:マツダデザイン "CAR as ART"」著:延岡健太郎、木村めぐみ(一橋ビジネスレビュー、2016)を参照。

32 キャリアの大三角形の詳細については、『10 年後、君に仕事はあるのか?──未来を生きるための「雇われる力」』著:藤原和博(ダイヤモンド社、2017)を参照。

06 アンテナ

33 絵本作家の荒井良二さんの道具紹介については、NHK『プロフェッショナル仕事の流儀』(第 71 回 2007 年 12 月 11 日放送)を参照。

34 アンネ・ペルトラのコメントについては、『ペンブックス 7 美しい絵本。』著・編:ペン編集部(CCC メディアハウス、2009)より引用。

35 パノス・パネイのプレゼンテーションについては、2017 年 5 月 26 日に東京で開催した、新しい Surface ファミリーの発表イベント「Microsoft Japan Surface Event」の記録映像(https://www.youtube.com/watch?v=bj1342aRE6E&t=325s)を参照。

36 「付箋ワークショップ」と同様のエッセンスは、『イノベーション・スキルセット 世界が求める BTC 型人材とその手引き』著:田川欣哉(大和書房、2019)を参照。

07 万華鏡

37 NASA の宇宙飛行士、マイク・マッシミーノのコメントは、Web 版 National Geographic に掲載の「宇宙に行って眺めた地球は『天国よりも美しい』」2018 年 2 月 27 日リリース(https://natgeo.nikkeibp.co.jp/atcl/news/18/022300085/)より引用。

38 一人称童話シリーズは、桃太郎の他にも、シンデレラや浦島太郎などが発売されている。開発者の思いについては、グッドデザインアワードのプレゼンテーション(https://www.youtube.com/watch?v=dXYnAFHhA0k&t=135s)を参照。

39 ヤーコプ・フォン・ユクスキュルが提唱する「環世界」については、『生物から見た世界』著:ユクスキュル、クリサート、訳:日高敏隆、羽田節子(岩波書店、2005)より引用。

40 「エブリ・ブリリアント・シング ～ありとあらゆるステキなこと～」の詳細は、東京芸術劇場の公演紹介(https://www.geigeki.jp/performance/theater228/)を参照。

41 「シックスハット」の詳細については、『6 つの帽子思考法 ──視点を変えると会議も変わる』著:エドワード・デボノ、訳:川本英明(パンローリング、2015)を参照。

08 磁石

42 デレク・シヴァーズのプレゼンテーションについては、TEDTalks で公開されている「How to start a movement」(https://www.ted.com/talks/derek_sivers_how_to_start_a_movement)を参照。

43 アイス・バケツ・チャレンジの成果については、ALS 協会の公式サイト(http://www.alsa.org/fight-als/edau/ibc-progress-infographic.html)を参照。

44 Linux の開発についての詳細は、『それがぼくには楽しかったから 全世界を巻き込んだリナックス革命の真実』著:リーナス・トーバルズ、デビッド・ダイヤモンド、訳:風見潤 監修:中島洋(小学館プロダクション、2001)を参照。

45 農業従事者の割合については、農林水産省による「農業労働力に関する統計」(https://www.maff.go.jp/j/tokei/sihyo/data/08.

html)を参照。

46 奥作清行さんによるYT01のデザイン開発についての詳細は、『ビジネスの武器としての「デザイン」』『著：奥山清行(祥伝社、2019)を参照。

47 「刀剣奉納」プロジェクトの詳細については、BOOSTER「創建2677年 石切劔箭神社『刀剣奉納』プロジェクト」(https://camp-fire.jp/projects/view/119435)を参照。

48 ジャパネットたかたの創業者、髙田明さんのコメントについては、グロービス福岡校開校記念トップセミナー「夢持ち続け 日々精進」(https://www.youtube.com/watch?v=-kfwjYtix48)を参照。

COLUMN2

49,50 能作克治さんのコメントは、著書『社員15倍！ 見学者300倍！ 踊る町工場——伝統産業とひとをつなぐ「能作」の秘密』(ダイヤモンド社)より引用。

09 マッチ

51 アンディ・ウォーホルとジャン・ミシェル・バスキアによる絵画展のポスターは、oliver clatworthy fine art ltd(https://www.signedoriginalprints.com/products/warhol-basquiat-1985-limited-edition-poster-signed-tony-shafrazi)などでも閲覧可能です。

52 映画『スティーブ・ジョブズ 1995 〜失われたインタビュー〜』(監督：ポール・セン)の特別映像より。

53 ビジネス創発における人材の大切さについては、『不格好経営——チームDeNAの挑戦』著：南場智子(日本経済新聞出版社、2013)を参照。

54 『ピクサー流 創造するちから——小さな可能性から、大きな価値を生み出す方法』著：エド・キャットムル、エイミー・ワラス、訳：エド・キャットムル(ダイヤモンド社、2014)より引用。

55 スケッチトラベルの創作の意図や思いについては、ほぼ日刊イトイ新聞によるインタビュー(youtube.com/watch?v=6amCmXZJJNM&t=220s)を参照。

56 INDUSTRIAL JPの公式サイトにて、『小松ばね工業×DJ TASAKA』(https://idstr.jp/jp/releases/t01/)や『東洋化成×DJ NOBU』(https://idstr.jp/jp/releases/t08/)などの作品が視聴可能。

57 久石譲さんの弔辞については、2018年5月15日に東京・三鷹の森ジブリ美術館で開催された「お別れの会」(https://www.youtube.com/watch?v=kJ5BweTMbD8&t=1s)を参照。

10 地図

58 39と同じ

59 ポール・グレハムのコメントについては、彼のエッセイ(http://paulgraham.com/articles.html)や、『ハッカーと画家 コンピュ

ータ時代の創造者たち』著：ポール・グレハム、訳：川合史朗(オーム社、2005)を参照。

60 クレーム対策の詳細については、Web版ニューヨークタイムズに掲載のレポート「Why Waiting Is Torture」(https://www.nytimes.com/2012/08/19/opinion/sunday/why-waiting-in-line-is-torture.html)を参照。

61 リチャード・ラーソン教授の研究については、同じくWeb版ニューヨークタイムズに掲載のレポート(https://www.nytimes.com/2012/08/19/opinion/sunday/why-waiting-in-line-is-torture.html)の中で紹介されている。

62 インドの交通渋滞に対する取り組みは、FCB Interface Communicationsによる「The Punishing Signal in collaboration with Mumbai Police」(https://www.youtube.com/watch?v=KIgKvUPXeq4&feature=emb_title)を参照。

63,64 ストリート・ディベートの詳細については、「『物乞い』の行為をデザインする」(https://bit.ly/3aBDZRj)を参照。Jさんのコメントは、同記事より引用。

65 ファブリーズのユーザーリサーチの詳細は、定性調査維新の会による『定性調査の価値を考える ・・・ファブリーズの大ヒットの裏に定性調査あり』(https://www.teisei-ishin.co.jp/vol14)を参照。

11 絵本

66 ルース・カーターのコメントについては、NETFLIX『アート・オブ・デザイン シーズン2 「ルース・カーター: 衣装デザイナー」』(https://www.netflix.com/jp-en/title/80057883)を参照。

67 菊乃井3代目主人、村田吉弘さんのコメントは、文化庁が運営するbunkachannel の『「伝承」ではなく「伝統」 菊乃井三代目主人 村田吉弘 氏【文化庁はオモシロイ。】(https://www.youtube.com/watch?v=m-fGlw_Bx2w)を参照。

68 カール・ラガーフェルドのコメントについては、『シャネルの戦略 —究極のラグジュアリーブランドに見る技術経営』著：長沢伸也(東洋経済新報社、2010)を参照。

69 アスレジャーの市場規模については、モルガンスタンレーに掲載の「Athletic Footwear Brands Chase Growth via Fast Fashion」(https://www.morganstanley.com/ideas/athletic-footwear-sneaker-brands-reset-for-fast-fashion)などを参照。

70 FUTURELIGHTの開発の詳細は、THE NORTH FACE公式サイト(https://www.goldwin.co.jp/tnf/special/FUTURELIGHT/)より引用。

12 サーチライト

71 「コンセプトとは、サーチライトのようなもの」という喩えについては、『コンセプトのつくり方 たとえば商品開発にも役立つ電

通の発想法』著：山田壮夫（朝日新聞出版、2016）や『創造の方法学』
著：高根正昭（講談社、1979）などでも紹介されている。

72　『FedEx』の作品については、「あいちトリエンナーレ2019」の作
　　品解説（https://aichitriennale.jp/artwork/A25.html）を参照。

73　nippon.com「世界一のレストラン『ノーマ』シェフ、レネ・レゼピ
　　の大冒険＠日本」2015年3月2日リリース（https://www.nippon.
　　com/ja/views/b01711/）を参照。

74　映画『ノーマ東京 世界一のレストランが日本にやって来た』（監督：
　　モーリス・デッカーズ）を参照。

75　EVERLANE の詳細については、日本経済新聞「EVERLANE　　徹
　　底した透明性、敵なし」2018年9月27日リリース（https://www.
　　nikkei.com/article/DGXKZO35710890V20C18A9H46A00/）や、
　　『ビジネスモデル2.0図鑑』著：近藤哲朗（KADOKAWA、2018）を参照。

13　粘土

76　「エアかる」の開発ストーリーについては、グッドデザインア
　　ワードのプレゼンテーション（https://www.youtube.com/
　　watch?v=EU5YLvU3Hhg）を参照。

77　Twitter の140文字にまつわるストーリーは、オックスフォード・
　　ユニオンが発信する「Jack Dorsey - Twitter's 140 Character
　　Limit」（https://www.youtube.com/watch?time_continue=2&
　　v=EPLK8lmsjq4&feature=emb_title）を参照。

78　ジャック・ドーシーのコメントは、ForbesJAPAN「語るよりカタ
　　チにせよ、ツイッター創業者J・ドーシーの『巻き込み力』」（https://
　　forbesjapan.com/articles/detail/18834）より引用。

79　マシュマロ・チャレンジの詳細については、TED Talks で公開さ
　　れている「トム・ウージェック：塔を建て、チームを作る」と題する
　　プレゼンテーション（https://www.ted.com/talks/tom_wujec_
　　build_a_tower_build_a_team?language=ja）を参照。

14　はさみ

80　無印良品の商品開発の詳細については、『MUJI式 世界で愛され
　　るマーケティング』著：増 明子（日経BP、2016）や『MUJIが生まれ
　　る「思考」と「言葉」』著：良品計画（KADOKAWA、2018）を参照。

81　「体にフィットするソファ」が採択された背景については、小学館ダ
　　イム公式サイト「無印良品『体にフィットするソファ』ヒットの理由」
　　2015年4月15日リリース（https://dime.jp/genre/622392/）を参照。

82　キャンパスノートの開発ストーリーについては、『つづくをつくる』著：
　　ナガオカケンメイ、編：西山薫、日経デザイン（日経BP、2019）を参照。

83　引き算会議の有用性は、『イノベーション・スキルセット～世
　　界が求める BTC型人材とその手引き』著：田川欣哉（大和書房、
　　2019）などにも紹介されている。

15　キャンドル

84　ロベルト・ベルガンティ教授の「意味のイノベーション」については、
　　「Meaningful innovation in a World awash with ideas」（https://
　　www.youtube.com/watch?v=WDn3yQKfpqY&feature=emb_
　　title）と題するプレゼンテーションや、『突破するデザイン あふ
　　れるビジョンから最高のヒットをつくる』ロベルト・ベルガン
　　ティ（日経BP、2017）を参照。

85　ファクトリエ代表の山田敏夫さんのコメントについては、
　　HUFFPOST「電話10回よりも直筆の手紙に1時間のほうが価値が
　　ある」（https://www.huffingtonpost.jp/toshio-yamada/letter_
　　b_5470270.html）より引用。

86　「Santos de Cartier starring Jake Gyllenhaal」（https://www.
　　youtube.com/watch?v=s7y4ctPznzY&t=1s）のプロモーション
　　ムービーを参照。

87　Fairbnb.coop の詳細は、『スペキュラティヴ・デザイン 問題解決
　　から、問題提起へ。─未来を思索するためにデザインができるこ
　　と』著：アンソニー・ダン、フィオーナ・レイビー　監修：久保田晃弘
　　訳：千葉 敏生、寄稿：牛込陽介（ビー・エヌ・エヌ新社、2015）を参照。

88　「SOCIAL IMPACT EXPERIENCES」については、Airbnb の公式
　　サイト（https://blog.atairbnb.com/what-are-social-impact-
　　experiences/）を参照。

89　「日本繊維輸入組合『日本のアパレル市場と輸入品概況.2017』」
　　（https://rnavi.ndl.go.jp/mokuji_html/000009898490-2017.html）
　　を参照。アパレル業界の現況については、ファクトリエの公式サイ
　　ト（https://factelier.com/aboutus/）にも同様の記載がされている。

16　糸

90　製品が生まれてから普及するまでのスピードについては、オッ
　　クスフォード大学でリサーチディレクターを務める、マック
　　ス・ローサーらによる研究「Technology Adoption」（https://
　　ourworldindata.org/technology-adoption）を参照。

91　「先進テクノロジーのハイプ・サイクル：2019年」については、
　　Gartner のサイトで発表されている2019年8月30日のプレ
　　スリリース（https://www.gartner.com/jp/newsroom/press-
　　releases/pr-20190830）を参照。

92　noiz と PARTY による作品の詳細は、noiz 公式サイト（https://
　　noizarchitects.com/archives/works/exhibition-at-mori-art-
　　museum-expo-2025-osaka-venue-design-for-bidding）、
　　PARTY 公式サイト（https://prty.jp/）を参照。

93　アリババの都市最適化については、「ET City Brain」の公式サイ
　　ト（https://jp.alibabacloud.com/solutions/et/city）を参照。

94　Libra の詳細については、ホワイトペーパー（https://libra.org/ja-

JP/wp-content/uploads/sites/20/2019/06/IntroducingLibra_ja_JP.pdf）を参照。

COLUMN 3

95 ロナルド・A・フィンケ教授の研究についての詳細は、論文「CREATIVE INFERENCE IN IMAGERY AND INVENTION」（https://www.aaai.org/Papers/Symposia/Spring/1992/SS-92-02/SS92-02-001.pdf）を参考。

17 羅針盤

96 外国人労働者の推移については、厚生労働省が発表する「外国人労働者の現状」（https://www.mhlw.go.jp/content/12602000/000391311.pdf）及び、「外国人雇用状況」の届出状況まとめ」（https://www.mhlw.go.jp/stf/newpage_03337.html）を参照。

97 『Shenu: Hydrolemic System』の詳細は、takram公式サイト（https://ja.takram.com/projects/shenu-hydrolemic-system/）を参照。

98 オセアニックス・シティの詳細は、公式サイト（https://oceanix.org/）や、WIRED「海面上昇に対する「水上都市」という可能性」2019年9月16日リリース（https://wired.jp/2019/09/16/sea-levels-are-rising-time-to-build-floating-cities/）を参照。

99 SDGsについては、国連広報センター公式サイト（https://www.unic.or.jp/activities/economic_social_development/sustainable_development/2030agenda/sdgs_logo/）や、総務省による和訳（https://www.soumu.go.jp/main_content/000562264.pdf）などを参照。

18 歴史書

100 ルース・カーターの衣装デザインについての詳細は、NETFLIX『アート・オブ・デザイン シーズン2「ルース・カーター: 衣装デザイナー」』（https://www.netflix.com/jp-en/title/80057883）を参照。

101 映画『白雪姫と鏡の女王』のファッションデザインについては、『『白雪姫と鏡の女王』石岡瑛子による衣装のメイキング映像』（youtube.com/watch?v=CEdrNYb0OLc）を参照。

102 三宅一生さんの作品については、『MIYAKE ISSEY展: 三宅一生の仕事』展覧会カタログ、監督：三宅一生（求龍堂、2016）、『ISSEY MIYAKE 三宅一生』（TASCHEN、1995）を参照。

103 L/UNIFORM旗艦店の店舗デザインについては、公式サイト（https://luniform.com/ja-JP/new-opening-tokyo）を参照。

104 スターバックス コーヒー 太宰府天満宮表参道店については、グッドデザインアワード紹介ページ（https://www.g-mark.org/award/describe/39251）を参照。

105 民俗学者の桜井満さんの著書『花の民俗学』（講談社学術文庫）や、民俗学者の和歌森太郎さんの著書『花と日本人』（角川書店）などを参照。

19 タイムマシーン

106 SciFuturesの詳細については、公式サイト（https://www.scifutures.com/）を参照。

107 Nike Hyper Adapt 1.0の開発までのストーリーは、NETFLIX『アート・オブ・デザイン シーズン1「ティンカー・ハットフィールド: フットウエアデザイン」』（https://www.netflix.com/jp/title/80057883）を参照。

108 Neuralinkの詳細については、研究論文（https://www.biorxiv.org/content/10.1101/703801v4.full.pdf）を参照。

109 モトロイドの詳細については、ヤマハ発動機公式サイト（https://global.yamaha-motor.com/jp/profile/technology/electronic/011/）を参照。

20 コイン

110 田中耕一さんが「ソフトレーザー脱離イオン化法」に繋がる発見をするまでのストーリーは、『生涯最高の失敗』著：田中耕一（朝日新聞社、2003）を参照。

111 『光の波, 反射, 海と空の点描』については、落合陽一さんの公式サイト（https://yoichiochiai.com/1）を参照。

112 樂吉左衛門のコメントについては、nippon.com「樂家15代当主 樂吉左衛門ー樂茶碗に込められた伝統を語る」（https://www.youtube.com/watch?v=37MMTwPt-u0&t=512s）より引用。

113 『Water Block』の詳細については、吉岡徳仁さんの公式サイト（https://www.tokujin.com/works/）を参照。

114 アルケリスの詳細は、公式サイト（archelis.com）を参照。

115 細胞検索エンジンの詳細は、東京大学の公式サイト「細胞検索エンジンによる生命科学・医療・バイオ産業の新展開」や、（https://www.u-tokyo.ac.jp/adm/fsi/ja/sdgs_project193.html）、内閣府の革新的研究開発推進（ImPACT）プログラム「セレンディピティの計画的創出による新価値創造」の説明資料（https://www8.cao.go.jp/cstp/sentan/kakushintekikenkyu/11kai/siryo2-3.pdf）などを参照。

116 「生き物ひらめきカード」については、日立製作所の公式サイトのプレスリリース「生物に学び、革新的な社会システムへの着想を生み出す『生き物ひらめきカード』を開発」2019年10月15日リリース（https://www.hitachi.co.jp/rd/news/topics/2019/1015.html）を参照。

クレジット

参考文献

『直感と論理をつなぐ思考法 VISION DRIVEN』
著：佐宗邦威(ダイヤモンド社、2019)

『アート思考 ビジネスと芸術で人々の幸福を高める方法』
著：秋元雄史(プレジデント社、2019)

『答えより問いを探して 17歳の特別教室』
著：高橋源一郎(講談社、2019)

『問い続ける力』
著：石川善樹(筑摩書房、2019)

『デザイン思考の先を行くもの』
著：各務太郎(クロスメディア・パブリッシング、2018)

『ビジネスモデル2.0図鑑』
著：近藤哲朗(KADOKAWA、2018)

『スペキュラティヴ・デザイン 問題解決から、問題提起へ。
—未来を思索するためにデザインができること』
著：アンソニー・ダン、フィオーナ・レイビー、監修：久保田晃弘、
翻訳：千葉敏生(ビー・エヌ・エヌ新社、2015)

『イノベーション・スキルセット 世界が求めるBTC型人材とその手引き』
著：田川欣哉(大和書房、2019)

『ニュータイプの時代 新時代を生き抜く24の思考・行動様式』
著：山口周(ダイヤモンド社、2019)

『コンセプトのつくり方 たとえば商品開発にも役立つ電通の発想法』
著：山田壮夫(朝日新聞出版、2016)

『デザインはストーリーテリング 「体験」を生み出すためのデザインの道具箱』
著：エレン・ラプトン、翻訳：ヤナガワ智予、解説：須永剛司(ビー・エヌ・エヌ新
社、2018)

『ツイッターで学んだいちばん大切なこと 共同創業者の「つぶやき」』
著：ビズ・ストーン、翻訳：石垣賀子(早川書房、2014)

『ART SCIENCE IS. アートサイエンスが導く世界の変容』
著：塚田有那(ビー・エヌ・エヌ新社、2018)

『意識と感覚の脳科学』
著：日経サイエンス編集部(日本経済新聞出版社、2014)

『突破するデザイン あふれるビジョンから最高のヒットをつくる』
著：ロベルト・ベルガンティ、監修：安西洋之、監訳：八重樫文、翻訳：立命館大
学経営学部DML（日経BP、2017)

『身体知性 医師が見つけた身体と感情の深いつながり』
著：佐藤友亮(朝日新聞出版、2017)

『意識とはなにか』
著：茂木健一郎(筑摩書房、2003)

『文化人類学の思考法』
著：松村圭一郎、中川理、石井美保(世界思想社、2019)

『やりたいことをやるというビジネスモデル PASS THE BATONの軌跡』
著：遠山正道(弘文堂、2013)

『ハウ・トゥ アート・シンキング 閉塞感を打ち破る自分起点の思考法』
著：若宮和男(実業之日本社、2019)

『SPECULATIONS 人間中心主義のデザインをこえて』
監修：川崎和也、編集：ライラ・カセム、島影圭佑、榊原充大 、木原共、古賀稔
章、ドミニク・チェン、太田知也、砂山太一、津田和俊、高橋洋介、寄稿：ヤン
キー・リー、大橋香奈(ビー・エヌ・エヌ新社、2019)

『不便から生まれるデザイン: 工学に活かす常識を超えた発想』
著：川上浩司(化学同人、2018)

『構想力の方法論』
著：紺野登、野中郁次郎(日経BP、2018)

『感覚マーケティング 顧客の五感が買い物に影響を与える』
著：クリシュナ・アラドナ、翻訳：平木いくみ、石井裕明、
外川拓(有斐閣、2016)

『Q思考 シンプルな問いで本質をつかむ思考法』
著：ウォーレン・バーガー、翻訳：鈴木立哉(ダイヤモンド社、2016)

『ホモ・ルーデンス』
著：ホイジンガ、翻訳：高橋英夫(中央公論社、1973)

『ディズニー、NASAが認めた 遊ぶ鉄工所』
著：山本昌作（ダイヤモンド社、2018）

『INNOVATION PATH イノベーションパス
成果を出すイノベーション・プロジェクトの進め方』
著：横田幸信（日経BP、2016）

『シャネルの戦略 —究極のラグジュアリーブランドに見る技術経営』
編集：長沢伸也、著：杉本香七（東洋経済新報社、2010）

『WIRED VOL.34 ナラティヴと実装』
著：Condé Nast Japan（コンデナスト・ジャパン）、
編集：WIRED編集部（プレジデント社、2019）

『つづくをつくる』
著：ナガオカケンメイ、編集：西山薫、日経デザイン（日経BP、2019）

『決定版 リブラ 世界を震撼させるデジタル通貨革命』
著：木内登英¥（東洋経済新報社、2019）

おわりに

「失敗はサイエンスだが、成功はアートのようなものだ」という言葉があるように、成功は再現性が少ないものであるといわれています。それは、成功する要因として、挑戦者の人柄やカリスマ性、周囲の人たちの応援、参入のタイミングや運といったあらゆる要素が関係しているからです。仮に孫正義やスティーブ・ジョブズの行動を分析して同じことを実践したとしても、うまくいくとは限りません。

本書で示した事例やヒントも、必ずしも「こうしなければいけない」「こうすれば成功する」というものではありません。人類が多様な道具でイノベーションを生み出し続けてきたように、「思考の道具」を使い手が独自にアレンジして、自由に組み合せて使いこなしてもらいたいと考えています。

思い返せば、私自身も野村総合研究所からキャリアをスタートして経験を積み、その後に自身が立ち上げた会社でも日本を代表する多くの企業の事業創発やイノベーションの支援に取り組んできました。その中で、「担当者自身にやる気がない」「イノベーションと声高に叫ぶ一方で、変革とは真逆の組織体制」「テクノロジーのテの字も理解されていない企画書」「現状を変えたくないという気持ちから、重箱の隅をつついてくる保守的な運用担当者」など、様々な課題に直面しました。そのような困難の中でも、できない理由を探すのではなく「どうすれば実現できるのか?」という観点で、日々支援してきたつもりです。実際、クライアント企業にプラス

の結果をもたらすこともありましたが、うまくいかないことも多かったように思います。それほど、新しい価値をつくり出すことはとても難しいのです。

私が新しい価値の創出やクリエイティブな仕事に関心を持ち続けている理由は、好奇心からくるところが大きいように思います。後世の人々に対して恥ずかしくないように、自分のやってきたことに誇りをもてる仕事をしていきたいと思っています。例えば美術館や歴史書に名が残るような仕事です。こうした自身の心の声が原動力だからこそ、頑張れるのかもしれません。

イノベーターとは、誰も見たことのないものを生み出そうと挑戦する人だと思っています。本書をきっかけに新しい価値を創造するイノベーターがひとりでも多く生まれ、ビジネスのヒントを見つけられることを願っています。

執筆にあたり、多くの方々の支えがありました。まずは、企画から構想まで様々な局面で大きな力となってくださいました、雷鳥社の編集担当である平野さりあさん。そして、編集協力でご尽力くださった矢作ちはるさん、デザインをご担当くださった吉村雄大さん、鈴木光枝さん。みなさまのお陰でとても素敵な本をつくることができました。最後に、日々の生活を支えてくれた妻のあかねにも感謝の意を伝えたいと思います。

2020年9月

今井健太郎

今井健太郎　いまい・けんたろう
戦略コンサルタント

埼玉県深谷市生まれ。早稲田大学政治経済学部、国際政治経済学科を卒業したのち、野村総合研究所入社。2016年、サステナビリティーとイノベーションに特化したコンサルティングファーム、株式会社 KI Strategy（旧ライフドラムラボ）設立、代表取締役に就任。趣味は囲碁で、第54回全日本囲碁大学選手権にて全国制覇。

クリエイティブ・イノベーションの道具箱

2020年9月11日　初版第1刷発行

著者　今井健太郎

デザイン　　吉村雄大 スタジオ・プントピルゴラ
　　　　　　鈴木光枝 スタジオ・プントピルゴラ
編集　　　　平野さりあ
編集協力　　矢作ちはる
協力　　　　小林美和子
企画協力　　森久保美樹 NPO法人 企画のたまご屋さん
印刷・製本　シナノ印刷株式会社
発行者　　　安在美佐緒
発行所　　　雷鳥社
　　　　　　〒167-0043
　　　　　　東京都杉並区上荻2-4-12
　　　　　　TEL　03-5303-9766
　　　　　　FAX　03-5303-9567
　　　　　　http://www.raichosha.co.jp/
　　　　　　info@raichosha.co.jp
　　　　　　郵便振替　00110-9-97086